中国旅游高等教育
国际化比较研究

李卫东　著

中国海洋大学出版社

·青岛·

图书在版编目(CIP)数据

中国旅游高等教育国际化比较研究 / 李卫东著 . --

青岛:中国海洋大学出版社,2023.9

ISBN 978-7-5670-3365-8

Ⅰ. ①中… Ⅱ. ①李… Ⅲ. ①旅游－高等教育－国际化－对比研究－中国 Ⅳ. ① F590

中国国家版本馆 CIP 数据核字(2023)第 175525 号

中国旅游高等教育国际化比较研究

出版发行	中国海洋大学出版社
社　　址	青岛市香港东路23号　　　　　邮政编码　266071
出 版 人	刘文菁
网　　址	http://pub.ouc.edu.cn
电子邮箱	zhengxuejiao@ouc-press.com
订购电话	0532－82032573 （传真）
责任编辑	郑雪姣　　　　　　　　　电　　话　0532－85901092
印　　制	青岛中苑金融安全印刷有限公司
版　　次	2023年9月第1版
印　　次	2023年9月第1次印刷
成品尺寸	185 mm × 260 mm
印　　张	11.25
字　　数	240 千
印　　数	1～650
定　　价	59.00元

发现印装质量问题,请致电0532-85662115,由印刷厂负责调换。

作者简介

　　李卫东,男,山东惠民人,中国海洋大学管理学院旅游管理专业在读博士。中国海洋大学应用数学本科、企业管理硕士毕业,长期在学校国际合作与交流处工作,主要从事高等教育国际化实践与研究,发表多篇大学国际化研究文章。2010年9月至2011年9月赴英国威斯敏斯特大学访学。2017年4月至2020年8月任中国驻休斯敦总领事馆教育领事,获外交部集体三等功表彰。

前 言

PREFACE

    如今,中国特色社会主义进入新时代,随着高等教育"双一流"建设启动推进和构建"双循环"经济社会发展新格局,我国亟需推动旅游高等教育高质量内涵式发展,通过旅游高等教育国际化培养一大批旅游业所需的高素质、多技能国际化创新人才,为实现我国旅游业高质量发展提供人才支撑。而中国旅游高等教育起步较晚,且旅游高等教育国际化理论研究很少,与发达国家相比,中国旅游高等教育国际化尚处于快速发展阶段,有着广阔的发展空间,但同时也面临着很多有待解决的挑战,存在多个层面的影响因素,亟需根据新时代新形势新任务新要求进行系统分析和创新路径研究。结合在大学从事国际交流合作20余年的工作实践,笔者对于高等教育国际化的理念、模式和发展路径持续进行探索,依托专业所学进行中国旅游高等教育国际化发展与创新路径研究。本书以旅游业全球化发展为背景,以世界高等教育国际化发展为契机,以培养更多国际化创新人才、支撑旅游业高质量发展为目标来研究我国旅游高等教育国际化的历史、现状与发展,对旅游高等教育国际化发展进行国际比较研究,并对我国旅游高等教育实证调查分析,剖析我国旅游高等教育国际化发展影响因素和主要合作模式,探讨加快推动新时代中国旅游高等教育国际化高质量发展的策略路径,以更好地丰富理论研究和指导工作实践。

    本书主要基于旅游经济增长理论、全球化发展理论、教育国际化理论、比较教育理论、人力资本理论等理论基础,采用了文献研究、比较分析、问卷调查、定量分析等研究方法。一方面对目前以旅游高等教育国际化为研究对象的国内外文献进行梳理,结合对国外部分旅游相关院校系所的实证调研,对发达国家旅游高等教育国际化的历史、现状和主要特征进行归纳总结,明晰世界旅游高等教育国际化的主要趋势和最新动态。另一方面对我国内地各区域及港澳台地区旅游高等教育国际化发展情况进行综合调查和统计分析,总结我国在旅游高等教育国际化发展中存在的问题和面临的挑战,辨析出影响和制约我国旅游高等教育国际化发展的主要因素以及当前主要的合作模式。在两方面研究的基础上,结合新技术革命给旅游高等教育带来的影响,针对新时代中国旅游高等教育的新形势、新任务、新要求,进行新时代中国旅游高等教育国际化发展创新模式研究,为我国旅游高等教育国际化发展提供策略路径,提出新时代中国旅游高等教育改革与发展建议。

因本人水平有限,本书难免有不足之处,敬请广大读者批评指正!

李卫东

2023 年 1 月

目 录
CONTENTS

1

绪　论

1.1 问题的提出

1.1.1 研究背景

（一）旅游业已成为我国经济新常态下稳增长的新动力新引擎，亟需加强国际化

世界经济社会联系日益紧密，全球化不断加深演化，随着新兴经济体富裕及中产阶层的不断扩大，在旅游业产业理念提升、商业模式创新、基础服务平台完善、网络信息技术发展及众国扩大开放、签证通关便利等举措的推动下，旅游业已成为全球发展速度最快的国际性行业之一（Cater，1993；Winter，2007；Jeaheng 和 Han，2020）。除了经济贡献值持续增大之外，旅游业的长期蓬勃发展也成为人们享受经济社会发展成果，进行大众娱乐消费，提高生活质量的主要社会活动形式（Xu，2022）。因此，发达国家和主要发展中国家都将旅游业作为发展经济的重要驱动和优化民生的有力举措（Goffi 等，2019；Balsalobre-Lorente 等，2020；Roxas 等，2020）。世界旅游城市联合会（WTCF）与中国社科院在 2020 年年初共同发布的《世界旅游经济趋势报告（2020）》数据，截止到 2019 年 12 月底全球旅游总人次达 134.2 亿，较上年同期提升 4.7%；全球旅游总收入高达 5.9 万亿美元，在全球 GDP 中占 7.8%，与以往年度相比，全球入境旅游收入及中国旅游收入趋向于平稳，增长速度逐渐放缓。

中国改革开放 40 多年来，旅游业实现了快速发展，已经成为我国经济产业的重要组成部分，在国内生产总值中的占比不断提高，也成为很多地区最为重要的收入来源。文化和旅游部公布的《2019 年旅游市场基本情况》表明，2019 年中国旅游总收入近 6.6 万亿元，同比增长了 11%，约占 GDP 总量的 11%。世界旅游业理事会（WTTC）表示，中国旅游产业对国内生产总值的贡献率高达 11.2%，远高于金融、教育、汽车等产业。旅游业关联度大、涉及面宽、拉动力强，已成为我国经济新常态下稳增长的动力源泉、文化发展的强大推力、绿水青山打造的关键支撑、产业结构变革的核心突破点，在推动社会主义现代化建设中彰显出重大的战略价值。伴随着现代化水平的提升与社会经济的迅猛发展，越来越多的游客选择来中国旅游。世界旅游组织曾于 2015 年预测，步入 21 世纪 20 年代之际，中国将发展为全球最大旅游目的地国，并在客源输出国中居于第四位，虽然 2020 年全球新冠肺炎疫情暴发旅游业遭受重创,但据国家旅游数据中心前期数据,中国境内旅游、出境旅游人次、境内旅游消费、境外旅游消费在全球仍居首位,充分体现了中国作为全球主要旅游目的地和客源地的大国地位(魏敏等,2022;曾国军和林家惠,2022)。就旅游产业不断升级发展而言,我国旅游业步入了多元化、多样性、全球化、信息化、资本化的快速发展阶段,更加重视旅游资源的多赢整合,并且随着中国步入新时代,供给侧改革和经济结构调整不断深入,启动构建"双循环"新发展格局,旅游业面对新形势新要求,亦应探索与之相适应的新模式(Lee & Brahmasrene,2013;Huang 等,2020;Sharma 等,2020)。

(二)我国旅游国际化人才严重短缺,难以满足旅游国际化发展的需要

人才是第一生产力。人才资源是产业发展的核心支撑。特别是步入新时代,处在新的方位,面对新形势新任务新要求,必须坚持发展是第一要务、人才是第一资源、创新是第一动力的发展理念。为了保证旅游业可持续高质量发展,应加大培养力度,打造综合素质高、技能水平强的旅游创新人才队伍(Booyens 等,2020;Xiong 等,2020;Kravariti 等,2022)。据旅游数据统计,中国有着超 6 000 家旅行社的超大旅游市场和经营规模,且在中国各地分布着 10 000 家以上的星级酒店,当前从事旅游行业专业人员数量已达 1 500万人。但是在巨大市场需求的推动下,人才仍处于紧缺的状态。同时,旅游业具有高度的开放性、外向性和全面的竞争性。《旅游走向 2030 年》预测 2030 年全球旅游人数将达到 18 亿人次,国际化旅游人才尤其严重短缺,人才素养无法满足我国旅游产业国际化发展的需要,故而,提高旅游高等教育质量水平,加强高素质国际化旅游专业人才培养任务紧迫、任重道远。

自 1979 年上海旅游高等专科学校建校以来,我国旅游教育也在快速发展,同步实现质的提升和量的飞跃。经过数十年的发展,当前中国现已搭建起较为成熟的旅游人才培养体系,可以针对不同类型、不同年龄的旅游储备人才进行培训与教育。2012 年,旅游管理专业在普通高等学校本科专业目录调整为本科专业一级专业门类,并根据市场需求具体设置物业管理、会展经济与管理、酒店管理以及物业管理等专业,这充分体现了国家对于旅游高等教育的高度重视。文化和旅游部公布的数据显示,2018 年我国有 612个本科高校专门设立旅游管理类专业,高职高专院校与中等职业学校设立旅游管理类专业的数量分别为 1 187 所与 958 所,年度招生人数突破 28 万人,且前五年毕业学生累计达到 135 万人。但由于我国旅游教育起步较晚、发展不均衡,所以在快速发展中仍存在诸多亟待解决的问题,如实践教学投入少、模式过于传统和单一;缺少稳定可靠的校外实习基地从而导致教育与工作实践缺乏有机结合;培养目标不明确,考核评价体系有待进一步健全。

在全球经济一体化背景下,我国地位显著提升,近年来已经发展成为世界最主要的旅游目的地和客源地之一。我国旅游业的快速可持续发展不仅需要大量精通外语、熟悉中外文化的旅游专业人才,还亟需培养旅游产业政策规划、创新推广、行业研究、教育培训等方面的高层次国际化人才(Gao 等,2019;Liu 等,2020)。唯有培养出一大批精通国外语言、熟悉国际规则、具有全球眼光和国际视野,且扎根中国大地、熟悉中国国情,善于在全球竞争中把握机遇和争取主动的国际化人才方能使中国旅游业发展更快更稳,实现高质量发展。而培养所需的国际化人才,离不开旅游高等教育国际化。教育国际化是 21 世纪全球经济一体化、科学技术联合创新、多种文化文明交流融合等时代发展趋势下的必然选择。教育国际化既是世界各国教育在 21 世纪改革的共同方向,是教育现代化的重要特征,也是塑造和提升国家竞争力的关键所在,发达国家和主要发展中国家都把教育国际化作为重要教育战略落实推进(Spencer-Oatey & Dauber,2019;De Wit H & Altbach,2021)。对于作为人才培养主要载体的大学而言,面向世界开放办学,走国际化发展道路亦是汇聚优质教育资源、创新人才培养模式、提升专业建设能力、提高办学水平的重要举措,特别是对于研究型大学建设,对于"双一流"建设院校而言,办学国际化是实现高质量发展的必由之路。

(三)中国旅游高等教育国际化是新时代高质量高等教育体系建设的要求

改革开放以来,中国旅游高等教育国际化也实现快速发展,每年越来越多的中国学生赴海外就读旅游管理类专业或学术交流,来国内就读该类专业的留学生规模也持续增加,多所院校与国外高水平大学合作开设了旅游相关专业中外合作办学机构和中外合作办学项目,学生国际化、教学国际化等领域现已取得巨大的进步。其中部分高等院校结合自身办学特色和旅游学科学术资源优势,采取不同的国际化办学发展策略,实施了各具特点的国际化战略及具体行动计划,逐步形成了符合院校实际的办学国际化重点和特色(Yuan 等,2019;Liu,2020;马仁锋等,2021)。2013 年,为了促进国内经济转型和扩大对外开放,我国制定了"一带一路"的政策,在此背景下,部分院校积极响应,主动服务国家需求,积极参与"一带一路"倡议教育行动计划,针对"一带一路"区域和国别培养旅游高层次国际化人才,加快为中资企业走出去培育"一带一路"建设所需的高层次复合型人才,同时以沿线国家和地区为核心,发展旅游专业开展来华留学生教育,扩大旅游国际学生招生培养规模,吸引优秀国外留学生来华,培养一大批知华友华、学有所成的旅游人才。2017 年,国家提出建设世界一流大学与一流学科,"双一流"建设为我国在增强高等教育实力领域的又一创新之举,是实现中华民族伟大复兴中国梦的强有力支撑。在"双一流"战略背景下,我国的旅游高等教育国际化发展要坚持中国特色、世界一流,以旅游一流学科建设为重点,争做旅游领域国际学术前沿并行者乃至领跑者,从而培育出责任意识强、勇于担当时代使命、实践水平高的创新型、复合型高素质人才。迎来"十四五",步入新时代,世界形势瞬息万变,改革开放、中国梦对社会大众的全面发展与现代化建设提出更高的要求,旅游高等教育也应科学编制和实施好"十四五"规划,加大创新创业教育的力度,注重个性化培养,提高旅游管理人才的综合素质、服务创新意识与全球视野,构建新时代中国旅游高层次人才高质量发展模式,推动我国旅游高等教育向更高质量、更有效率、更加公平、更可持续发展。其中,特别是2020年以来,全球新冠疫情带来巨大冲击,国际交流合作深受影响,旅游高等教育国际化同样面临系列严峻挑战,需要积极识变应变、主动创新,做出实践的探索和理论的回应。

进入新时代,国家把握国际、国内两个大局,提出五大发展理念,指出开放是国家繁荣发展的必由之路,也是现代化教育的基本特征,要扩大教育开放,提高开放质量和水平。目前,我国对于高等教育国际化的研究已开始起步,但旅游部分的教育国际化研究还相对薄弱。所以,在探寻中国旅游高等教育国际化的发展路径时,不仅要考虑中国的历史和现状,还要参考发达国家在发展旅游高等教育国际化的经验,进而探索提出我国旅游高等教育国际化发展对策路径,对推动我国旅游高等教育国际化高质量发展、丰富我国旅游高等教育理论,具有重要的理论意义和现实意义。因此,今后应加大对旅游高等教育发展历史、国家政策、行业规则、教育理念、培养目标、课程体系、办学特色、综合成效等内容的研究力度,比较借鉴其成功经验,多视角把握国际旅游教育发展动态与趋势,并站在全球市场合作与国家竞争的角度,就推动我国旅游高等教育改革、加强中外旅游高等教育合作、培养国际化创新人才、促进教育及产业国际交流等提出有针对性的对策、建议。

党的二十大报告指出,"扩大国际科技交流合作,加强国际化科研环境建设,形成具有全球竞争力的开放创新体系",要求通过高水平对外开放推动高质量发展。高质量高等教育体系建设是新时期我国高等教育发展的新目标,高等教育内涵式发展则是新形势下实现这一目标的具体实践路径。我国旅游高等教育内涵式发展要置身于全球化的时空背景下,需要走国际化发展道路,以实现办学理念与模式的创新、结构与功能的优化与调整、要素与资源的整合与配置、质量与声誉的提升与传播等为高质量发展目标。具体落实到各院校等办学主体,可以通过旅游高等教育国际化将其内涵式发展所需要的相关要素从国际教育市场有机整合进自身办学体系中,构建开放融合的创新生态体系,从而有力提升内涵式发展水平。当前情况下高等教育国际化进入新发展阶段,自身的实现方式与内涵也在不断发生着变化,逐步从浅层次的国际交往与合作步入人类命运共同体理念下全球化深入发展阶段,内涵式国际化发展已逐渐在我国高等教育体系中占据重要地位。高等教育国际化的内涵式发展即在国家、行业、院校、教师、学生等各主体层面,把国际的、跨文化的、全球的维度高质量地整合进自身发展的过程,已成为强化旅游高素质国际化人才培养、实现旅游高等教育高质量发展、支撑推动旅游业长期可持续发展的优化路径。

1.1.2　研究意义

当前,随着经济全球化、文化交流国际化的兴起,我国的旅游业迎来重大发展机遇。随之而来的是对我国旅游国际化人才培养、旅游高等教育国际化建设提出更高的要求。梳理中国旅游高等教育发展史,不难发现,我国在该领域仍存在诸多有待改进之处。培育高素质国际化旅游人才、推动旅游高等教育高质量发展是推动我国旅游产业国际化发展的重要动力,是提升我国在全球旅游高等教育领域竞争力和话语权的重要保障,因而,深入分析研究中国旅游高等教育国际化发展与创新路径有着重要的理论价值与实践价值。

（一）理论意义

在传统教育模式下,旅游发展理念的核心与内涵未得到较好的诠释,中国旅游高等教育国际化发展过程中存在着发展模式不科学、项目设置不规范、实际成效不显著等问题。本研究立足高等教育国际化发展前沿,以教育国际化、旅游经济增长、比较教育、经济全球化等理论为基础,全面梳理中国旅游高等教育发展历史和主要成就,深入总结中国旅游高等教育国际化发展历程,系统分析发达国家旅游高等教育国际化发展的历史演变、主要特征、成功经验,基于系统性、可比性、科学性原则从学生个体、教师个体、院校环境、行业与市场、国家政策、国际教育环境各立体层面设计调查问卷和建模分析,同时与教育部国际合作与交流司、留学基金委、留学服务中心、中国教育国际交流协会等教育国际化政策层面专业人员和国内外数十所知名旅游院系负责人、教授们进行实地访谈,在此基础上,研究辨析中国旅游高等教育国际化的影响因素和最主要合作模式,立足新时代新形势新任务新要求,以及新技术革命带来的影响,从以高水平对外开放助推高质量发展的角度分析当下我国旅游高等教育国际化发展形势、明确机遇和挑战,提出中国旅游高等教育国际化发展对策与创新路径,有助于丰富旅游高等教育国际化理论研究。

（二）实践意义

进行我国旅游高等教育国际化发展与创新路径研究有助于推动旅游高等教育高质量发展,强化旅游产业亟需的高素质国际化人才培养。本研究对于发达国家旅游高等教育国际化发展的历史演变、主要特征、成功经验的对比分析,可供我国院校旅游教育国际化建设借鉴参考;实证研究辨析出中国旅游高等教育国际化的影响因素,可从宏观、中观、微观层面供国家、院校、教师、学生调整优化,提高旅游人才培养质量;实地访谈归纳的主要合作模式可供院校教育管理者决策咨询,提高交流合作成效;新时代我国旅游高等教育的新形势、新任务、新要求以及新技术革命带来的影响的分析,有助于旅游高等教育工作者更好地了解当前形势和最新发展动态,更好地做出科学决策;最终研究提出的中国旅游高等教育国际化发展对策与创新路径,可供所涉各方主体结合实际用于指导工作实践,有助于推动旅游高等教育国际化实现新的跨越,强化高素质国际化人才培养,进而助推我国旅游高等教育高质量发展,为旅游业可持续发展带来强劲动力。

1.2 国内外研究现状

1.2.1 旅游业人才发展的相关研究

人才培养模式直接关系人才的质量,何种培养模式才可满足飞速发展的旅游产业对于人才的需求为社会各界关注的重点问题。通过筛选分析现有材料,我们发现目前提出的培养模式主要有以下三种。第一种是订单式培养模式。该模式在宁波高校旅游教育中已有过实现高校、公司与学生之间互利共赢的案例(闫光才,2005)。熊伟表示"订单式"培养模式可以为大学生提供技术实践、学习就业的支持,促使其更好地服务于现代化建设(赵西萍,2001)。第二种则是工学结合模式,学校给学生提供具体的实习单位,工作报酬由用人单位负责发放(全国旅游职业院校协作会,2007)。第三种将产学研有机结合。张建伟等(2008)指出,产学研结合的人才培养模式是一种以培养学生的全面素质、综合能力和就业竞争力为重点,充分利用院校与企业、科研单位等多种不同的教育环境和社会资源的利益关系以及各自在人才培养方面的优势,把学校教育与生产、科研实践有机结合的培养模式。与此同时,专家学者不仅需着眼于专业化的教学搭建起模块化与阶梯式教学相结合的培养模式(马勇和周霄,2003),同时还可以结合学生的实际情况打造"四合-双线"培养模式(国家旅游局,2008)。随着全球化、信息化进程加快,马晓芬和戴斌(2022)认为培养高质量旅游人才已成为新时代课题,李君轶和贺哲(2022)提出利用学科交叉培养旅游复合型创新型人才。黄可(2021)通过走访调研、收集第一手资料数据,分析智慧旅游人才培养体系存在的不足,构建了"'三层''六步''四融合'"的培养模式。杨美霞(2022)从强化旅游学科建设、优化专业设置、改革育人理念、重塑教学内容体系等方面探讨高校旅游人才培养供给侧改革的路径。

全球旅游业的发展对不同类型的旅游人才提出了更高的要求。Shang(2020)认为旅游英语人才是树立景点和地方形象的重要媒介,也是一个地区景点建设和城市精神文明建设的行走招牌。赵涛(2007)探讨了贵州高等教育中旅游英语专业的国际化及其途径。梁涛(2011)认为,广西高校旅游管理专业教育应发挥自身小语种优势,结合东盟自贸区发展的人才需要,培养特色旅游人才。Zhao(2021)以高校旅游专业毕业生和在校生为对象,通过问卷调查和访谈对旅游高级人才的培养现状进行了评价,指出了当前培养模式存在的问题:培养目标同质化;课程范围太广;师资资源不足;教学方法落后,过于理论化;学生缺乏正确的定位,缺乏吃苦耐劳的精神,缺乏敬业精神和工作能力。闭闲和杨红英(2021)通过设计合适的评价指标体系,建立投影寻踪模型,对我国的康养旅游人才环境进行定量化评价,结果表明省份之间的康养旅游人才环境存在差异。此外旅游酒店人才培养与发展也是当前的研究重点。Johnson 等(2019)通过文献回顾,发现虽然大多数行业采用更排他性的方法来培养人才,但对于旅游业和酒店业来说,包容性的方法可能更为理想,尤其是考虑到一线员工对业务成功的重要性。中小型旅游企业尤其需要更健全的管理结构和人力资源系统,以协助促进旅游运输。Marinakou 和 Giousmpasoglou(2019)采用定性方法,对四个国家(美国、英国、澳大利亚和希腊)的豪华酒店经理进行了 27 次面对面的半结构化访谈,并提出了一种融合了排他性和包容性的旅游人才管理方法,为豪华酒店行业的人才和人才管理提供一个定义,重点是人才保留策略。

1.2.2 旅游高等教育发展的相关研究

旅游高等教育发展是全球旅游业可持续发展(徐红罡和张朝枝,2004;田里等,2007;傅桦和吴雁华,2008),推动旅游管理学科进步与提升以及促进全球社会可持续发展的关键举措(刘文彬,2015),逐渐成为国内外学者的重点研究话题(谢彦君,2003;龙江智,2005;吴必虎和邢珏珏,2005;于萍,2008)。Bowan 和 Dallam(2020)采用公平贸易学习原则和体验式学习哲学,通过与墨西哥和美国的大学合作,提出和探索了一个可持续的旅游教育模式,探讨了全球旅游对环境、经济和文化影响的问题。该模式有利于促进旅游专业学生的学习,并且通过发展战略伙伴关系在国家之间建立桥梁方面是有效的。Goh 和 King(2020)通过探索过去 40 年旅游与酒店高等教育的宏观趋势,重点关注澳大利亚的公立大学、酒店、旅游和旅游项目、酒店学校以及监管机构并进一步研究对澳大利亚未来酒店和旅游教育和劳动力的影响。Barkathunisha 等(2019)通过提出旅游高等教育中以精神为基础的平台,为旅游知识的发展做出贡献,展示了支持精神发展讨论的旅游教育如何有助于培养能够了解自己作为社会、文化和环境管理者的潜力的全球公民。为解决关于负责任管理教育原则、旅游高等教育和可持续发展关系的文献明显缺失的问题,Seraphin 等(2021)评估了 PRME 在欧盟国家旅游课程中的实施及其结果,研究发现 PRME 并没有有效地嵌入旅游课程中,为此应以双向管理方法为中心的概念模型为基础,在与 PRME 合作时,能够对可持续发展和旅游业做出更大的贡献。为了提供满足旅游可持续发展要求的旅游人力资源,Hatipoglu 等(2014)通过设计国际学生项目来开发和实施一种旅游教育方法。通过旅游高等教育所培养的高素质旅游人才不仅能够促进当地发展,还能有助于保护自然环境和文化遗产。

此外相关学者发现旅游高等教育,特别是大学中的旅游教育会影响学生的创业职业。Arranz 等(2017)采用基于目的论心理学基础的理论方法,从高等教育的角度对 122名旅游专业研究生和本科生样本进行了分析。结果表明,课程和课外活动对创业意愿、态度和行为控制的影响存在差异,对创业能力的发展影响很小。而旅游高等教育发展也受到诸多因素影响。Le 等(2018)研究探讨了影响越南酒店高等教育的因素,包括越南酒店业当前的就业需求、酒店专业在为酒店职业生涯做准备方面的适用性,以及越南高等教育学生酒店工作场所的现实情况。上述因素通过优质人力资源的可用性来支持行业的持续发展。

中国对旅游人才培养的研究是伴随着旅游教育的兴起而出现的。改革开放之初,我国在旅游人才培养领域的学术研究资料少之又少;步入 20 世纪 90 年代,与之相关的研究持续增加,该时期,学术界逐步探索人才培育模式,专家们相继对其概念、特性、出现的问题、变革的重要性等做出深入的分析。伴随着我国对旅游教育相关问题的日益重视与旅游实践活动的愈发深入,步入新世纪,旅游人才培育问题成为高校研究的重点,并取得十分丰硕的学术成果。具体涉及旅游教育的系统性研究、旅游人才培育模式与模型构建、旅游人才的供给需求关系等。

当前,专家们就旅游人才培养与旅游教育系统性问题已达成一致,表示应当将旅游人才培养上升至国家产业发展的战略层面(蔡靖方等,2004;张岩和顾文静,2004;史灵歌,2009),加大资金投入等各种支持力度,为人才培养创造更有利的条件(陈肖静,2000;邓晓春,2002;计金标等,2011;刘永辉等,2020;袁小平,2020)。廖萍和朱湘辉(2008)指出旅游经济发展的资源核心已发生转变,更为注重人力人才的培养,致力于将人才优势转换成经济与社会效益的统一。要想从根本上解决培育体系不完善、人才匮乏、从业者专业素养低、旅游人才队伍不稳定等诸多问题,就必须铸就较强的人才理念,搭建起"以人为本、服务行业"的意识,塑造稳定的旅游团队,营造风清气正的人才环境。何建民(2008)表示,中国的高校在旅游教育实践中面临专业设置不规范、人才培养模式不科学等一系列问题,而导致该现象的原因是高校对旅游教育发展的方向定位存在偏差及创新手段单一,对此应在战略管理理论的指导下予以克服。陈志学和余昌国(2003)深层次探索了"旅游人才供需""人才挖掘与发展""人才数量及质量""从业者高等教育和在职培训""高校培育与继续教育""高校教学与工作实践""旅游队伍建设与人才稳定""宏观管理、行政开发与微观管理、市场开发""人才请进来与走出去""显能开发和潜能开发"十大关系,以此希望系统性掌握中国旅游人才管理的现实情况和演变历程。王美萍(2009)利用调查问卷的方式,对高职旅游教育产生影响的要素进行实证研究,得出高校文化、教育理念、教学环境与教学手段等会对高职教育旅游产生影响的结论。曾月征(2006)对中国旅游人力资源挖掘的内外部条件进行分析,发现应当进一步提升旅游人才培育的力度,搭建起成熟的人才培养机制,注重日常教育实践,打造稳定的旅游人才团队。Christou 和 Sigala(2002)、Nella 和 Christou(2016)对旅游教育变革相关的问题进行阐述,同时预测在新世纪,旅游教育将会实现学术与实践的双重提高。Churchward 和 Riley(2002)另辟蹊径,创新性的研究旅游产业与高校教育间的紧密联系。Becton 和 Graetz(2001)则利用建模的方式分析旅游培训的必要性及最宜采用的手段。Sanders 和 Epstein(2007)指出,学生、家庭、高校及社会团体作为教育体制机制变革的直接与间接主体,均应勇担社会责任,尤其是要采取科学的方法实现学生培育与社会发展相适应、同全球化接轨的目标。Sepulchre 等(2006)表示,校企合作是帮助学生理论与实践相统一的有效手段,应当基于公司的现实需求,注重学生技能培训,调动学生研究的积极性与主动性。刘伏英(2008)认为"校企合作"的人才培养模式可以使学校、学生和企业三方受益。张培茵和王玉(2009)以哈尔滨商业大学旅游烹饪学院为例,总结出新的校企合作人才培养模式。吴水田和陈平平(2009)以广州大学中法旅游学院为例,研究了旅游高等教育校企合作"一二三"模式。

（一）旅游高等教育相关研究回顾

中国旅游高等教育出现至今只有四十年左右的历史,依旧处于萌芽阶段,故而学术界在教育性质的认知上各执一词,由现有文献可知,学者们对高等教育性质主要持有以下两种观点:其一,将旅游高等教育认定为职业教育的范畴,从教育的总体视角来看,旅游教育应该属于职业教育范畴(刘志江,1996)。王景荣(1996)则表示旅游学科为典型的应用类学科;其二,以申葆嘉(1997)为首的专家把旅游教育认定为专业教育,认为大学专科以下的旅游教育属于职业教育范畴,而本科及以上的高等旅游教育则属于专业教育范畴。卢华语(1999)对此观点表示认同,高等旅游教育应以培养旅游人才为目的,所以高等旅游教育应是一种高等专业性教育,而不是职业教育。汤利华(2004)表示旅游高等教育是具有鲜明职业特征的专业教育。王健(2008)认为我国普通高等院校的旅游专业并不适合走"洛桑道路"式的职业教育,至少并不全适合"走洛桑道路"。

（二）旅游高等教育课程体系研究回顾

1998 年,教育部对高校专业目录进行调整,把早先旅游经济变更为旅游管理,归属于工商管理类二级学科,而这一转变导致中国大批高校对旅游专业进行学科转型,重新配置教育资源(王枬,2004;刘赵平和凯茜·恩兹,2006),同时,这也导致精准设置旅游专业课程体系发展为理论界极为关注的问题(王书翠,2008;狄保荣,2015;邱汉琴,2020)。在该领域,极具代表性的专家有赵鹏、罗兹柏等,其中赵鹏和王慧云(1998)表示旅游专业的课程结构形式需实现"模块型"。旅游管理专业课程体系框架应体现素质教育和专业教育的有机结合(田喜洲,2000)。罗兹柏和罗有贤(1997)表示,旅游专业应按照"系列型"形式设置课程。林刚(1998)指出旅游管理专业具体包括管理类基础课程、旅游管理专业课程、现代化管理人才培育等课程内容;与此同时,以章平和陶永波(2000)为代表的专家表示应当基于岗位与从业者的能力要素打造旅游课程体系,严格遵循"岗位(群)—职业能力—能力要素分析—课程设置"的流程设定课程体系。黄松山(2019)总结了澳洲高校旅游学科建设特色和旅游学科地位,为中国旅游业提供一些建议和思考。田里和刘亮(2022)构建了新文科背景下的旅游高等教育课程体系。

(三)旅游高等教育发展存在问题研究回顾

当前,旅游人才培养与旅游教育实践问题引起了大批专家学者的关注,许多学者就其中面临的问题做出深层次的分析。例如,保继刚和朱峰(2008)实地走访调查多个设置旅游专业的高校,意识到绝大部分的高校存在旅游本科教育萎缩的现象,导致该情况出现的原因为实践中旅游人才的需求特征与我国现行教育体制机制下人才培育模式不相适应。何海燕和舒波(2011)采用经济学的理论与方法,深层次探索旅游本科教育萎缩、旅游市场人才需求量小等错误理论认知,并明确表示高校生在旅游人才培养上存在的偏差致使诸多悖论出现。伍延基(2004)认为现阶段旅游高等教育面临以下问题:其一,学科定位出现偏差、专业设置不合理;其二,学科内容、师资力量同现实需求不相适应;其三,人才培养方向不清晰,方法不当。纪培玲和路军(2005)由调查发现,旅游人才培养与现实情况之间存在规模平衡、微观协调与宏观协调间的冲突,必须结合产业发展的实际需求,搭建起多层次、特色化的人才培育模式。谢春山和徐东北(2010)认为中国旅游高等教育面临以下问题的矛盾:旅游产业人才需求的多样化与高校教育的同质化、旅游人才需求的专业化与高校教育的内容趋同化、人才需求的多样性与高校人才培育的单一化、高校扩招的超前性与师资团队力量的不匹配性、旅游产业发展势头的迅猛性与社会关注度不足。魏小安和厉新建(2005)则深入研究旅游管理专业的发展潜力、学科设置与人才培育策略,并发现实践中面临的诸多问题,从学术研究、教学模式等领域彰显实践的必然性,在进行人才培育时,注重养成训练,注重学生、课程与教师间的多方互动、共同进步。郎玉屏(2003)、潘素玲(2009)、李云(2014)探讨了中国高等旅游高等教育就人才培育领域出现的诸多问题,并以此为基础提出具有针对性的解决意见。

(四)旅游高等教育实践教学研究回顾

旅游行业对于人才要求的特殊性在于从业者不仅要具备较高的理论素养,而且应具备强大的实践能力(徐浩贻,2005;吕迎春,2007;黄建伟,2009)。现阶段,学术界已经意识到旅游人才的实践水平较差,故而大批专家对旅游实践教学做出深入的研究(赵鹏,1998;赵鹏,2003;侯国林,2004;苏甦,2007)。张龙和郑耀星(2007)阐述了实践教学的概念,发现了实践教学的意义。刘文涛(2008)基于当下旅游实践教学的现实情况,就提高旅游教学水平提出科学的意见建议,并就此给出未来发展目标。在实践教学体系构建层面,张文莲(2009)认为:实践教学体系应该包括四个子系统,分别是生产认知实习、课堂实训实习、校外实习基地实习和第二课堂子系统。陈丹红和赵冰梅(2006)表示完善健全的实践教学体系涵盖五个方面的内容,即课程的实践性教学、模拟训练实践、校外实习、课程设计、课外实践活动等。与此同时,王素珍和张利民(2008)基于旅游实践教学介绍了"五结合"实践教学模式:教学与案例相结合、毕业设计与校外实习相结合、教学与论文写作相结合、教学与课外活动相结合、教学与就业相结合。吕欣（2009）主张"走出去"同"引进来"相结合的教学模式，张洪双（2007）则创新性地提出"由学习到实践、到再学习、再实践"的教学模式。宫斐（2009）探讨了广西旅游实践教学模式，认为广西在旅游高等教育的实践教学中应该树立以专业素质为核心的指导战略，配合相应的有效战术。曹国新（2009）认为开展交叉研究、实证研究、中外对比以及改善旅游实践教学的制度环境，是提升我国旅游实践教学研究的基本办法。

（五）旅游高等教育师资队伍研究回顾

很多专家从旅游高等教育师资团队的现实情况（郭永胜，2004；王林浩和沈姗姗，2020）、面临问题（王建平和崔凯，2002；编辑部，2005；陶飞等，2017；陶飞等，2019）与策略方案等领域（凌强，2006；汪霞，2010；杨景然，2022；刘锦，2023）出发，对旅游高等教育有更为深入的研究。例如李淑芳和衣玉芳（2004）将北京联合大学旅游学院作为研究案例，分析该校的师资队伍情况和整体师资水平。就师资队伍构建类型，很多专家提出倡导复合型或是双师型师资团队建设，又如李虹（2001）表示旅游产业的发展对旅游专业老师提出了更高的要求，合格的教师应具备双重身份。林伯明（2004）专门就高职高专旅游院校所提及的"双师型"教师涵义进行阐述。他认为，"双师型"教师是既能够做好教学工作，又具有丰富的实践经验的旅游类专业课或专业基础课的教师。周江林（2007）则介绍了"双师型"教师团队构建的原因：首先，教育本质的要求，其次，培养方向的要求，再次，提高教学质量的要求，最后，高校毕业生就业的要求。

（六）旅游人才培养模式及构建研究回顾

针对人才培养模式，学术专家则基于人才特性、培育手段等多个层面做出分类。徐立国（2008）表示人才培养模式包括三个层级。第一层级为目标体系，具体代表培养方向与目标；第二层级为内容方式体系，具体涉及教学方案、培育策略等；第三层级为保障体系，包括师资团队、教学调研、课外实践等。杨杏芳（2002）则由多个角度划分人才培养模式的类型。从德智体的综合性层面看，人才培养模式涉及浑一模式、解析模式、系统模式等形态。基于人才的核心特征，人才发展经过百科全书式、专才、通才与复合型人才等发展阶段，在此基础上衍生出百科全书式、全才式、专才式、通才式与复合型人才教育模式；由文化和教育间存在的关系层面看，人才培养模式可被细分为科学式、科学与人文浑一式及科学与人文融合式。陈钢华和黄远水（2008）则认为人才培养模式包括学校与企业之间、学校之间与学校与旅游企业之间等多方主体培养，并以此为基础给出导致模式选择存在区别的原因，具体有课程设置、教学思维、教学层次、培养方向、办学设备、办学水平和外部形象等。教育部高教司与多家高校联合发布的《必由之路——高等职业教育产学研结合操作指南》把中国高职教育产学合作教育的模式划分成多种类型（中华人民共和国教育部高等教育司，2004）。曹曼娇（2009）综合性对比多类校企合作办学间存在的属性，披露其中面临的诸多问题，并基于政府、高校与企业等主体的职责、义务提出针对性的建议。

1.2.3 旅游高等教育国际化发展的相关研究

（一）高等教育国际化相关研究

高等教育国际化的发展要有清晰明确的动因,如果没有明确的目标,则高等教育国际化就无法发挥它的作用。因此,不少学者开启有关高等教育国际化的动因研究。英国谢菲尔德大学 Kate Morse（2009）把驱使高等教育走向国际化的原因归纳为内因与外因两方面。具体而言,内因涵盖教学水平、评估手段、交流模式等,而外因则指全球一体化、区域性合作、高校间教研互动等。陈学飞（2004）认为驱动全球化经济发展和经济利益的动力是促进高等教育国际化发展最直接的推动力量。杨启光（2011）构建了高等教育国际化的多因素动因理论体系,该体系的主要行为主体是主权国家,涵盖了国家利益、能力建设、国际理解,能够对不同国家的高等教育国际化进程进行分析。李盛兵和刘冬莲（2013）对高等教育国家化理论进行了深入研究,构建了一个以国家和高校为横坐标,经济、政治、文化、学术和人力资源为纵坐标的理论框架。除此之外,还有一些学者对我国高等教育发展路径进行研究,认为应当借鉴发达国家的经验,加强中外教育机构的密切交流与合作,引入国际化资源,以促进我国高等教育国际化深入发展（曲晓慧和冯毅,2018;曹帅,2019;陈飞宇,2019）。

（二）旅游高等教育国际化问题及对策的相关研究

泰国的 Bertvan Walbeek（2009）在"旅游高等教育国际化:天堂还是流行病？"一文中阐述了旅游高等教育在国际化发展过程中极易出现的误区及其历史使命。Lapping Cai（2009）基于"旅行的本质",以美国旅游高等教育为案例进行研究,提出国际化是旅游高等教育可持续发展的必然趋势。Dwyer 等（2009）对澳大利亚旅游高等教育的发展历程与现实情况做出研究,概述现阶段澳大利亚在旅游高等教育实践中的焦点问题,而澳洲旅游高等教育的国际化被列入其中。Bui 等（2017）认为亚洲旅游业的蓬勃发展使得国际上对澳大利亚旅游和酒店管理高等教育的需求不断增长,旅游高等教育研究国际化趋势成为必然,通过研究设计提出了进一步了解国际学生在英语旅游和酒店教育中的必要性的观点。如上所述,国外关于旅游高等教育国际化研究主要集中于国际化发展动因、国际化发展面临的机遇和挑战以及国际化发展的必然趋势等领域（Altbach & Knight,2007;Sangpikul,2009）。

步入新世纪,中国的理论界开始对旅游高等教育国际化问题进行探索,并取得较为丰硕的理论成果（黄松山,2001;谷慧敏等,2005;赵杰,2006;谢雨萍,2008;朱倩倩,2008）。2006 年召开的旅游高等教育国际化研讨会上,大批专家学者汇聚一堂,就旅游高等教育国际化实践中面临的问题展开研究（王春雷和高峰,2009）。杨卫武（2010）以人才培育、学科进步与学院发展为切入点分析旅游高等教育国际化的推动因素。并且对于教师与学生两大主体而言,旅游高等教育国际化不仅能够为旅游专业的毕业生提供大量就业岗位,而且进一步提升旅游专业教师的综合素养与学术水平。冯娴慧和张俐俐(2008)表示,正是在人才培育、学科进步、终身教育与信息手段等要素的推动下,旅游高等教育的国际化水平不断深入。梁文慧和李玺(2011)在深入调研澳门旅游教育发展的现实情况后明确表示,澳门旅游教育在未来的发展中必须处理好国际化与本土化二者之间的关系,通过外来与本土的双向互动取得旅游发展的强大驱动力。本土化要求旅游教育应极具民族特色,保有内部文化的精髓,此为旅游教育国际化的基础;而国际化则象征着多样性,吸收借鉴世界领域内的旅游资源,实现以我为主,为我所用。王艳平(2003)对比研究中日两国旅游教育的现状,探索发现中国在旅游教育实践中违背教育发展趋势的诸多问题,并基于此着眼于"国际化""属地化"两个方面的耦合关系做出分析。赵鹏(2009)表示,伴随着世界经济一体化的深入,中国的旅游教育迎来发展契机的同时,将会面临更大的挑战,通过何种方式有效解决中国旅游高等教育存在的问题,进一步推动旅游产业的有序发展,为理论界探索的重大课题,同时其基于此介绍中国旅游高等教育的发展的整体性战略。

有学者指出,当前旅游研究理论贡献不足的原因可以概括为"五少五多"(陈锡畴,2007;张凌云和房蕊,2011;王德刚和邢鹤龄,2011)。"五少",就是缺少事实,很多文章当中可能没有多少事实依据,没有对事实的把握,与事实不相符。缺少逻辑,文章写下来没有逻辑。缺少实践,对实践不了解,片面、孤立、表层地看待事实。缺乏对旅游学科的了解,很多学者以前没接触过旅游也能写旅游文章,很多时候只是把握了旅游现象的皮毛,虽然照样能写出高端的论文,但是由于没有深刻把握旅游的实践,这样的论文很难对旅游学科有多少贡献。缺少理论基础,对相关学科理论掌握不充分,以至于运用于旅游研究时可能非常肤浅甚至存在错误。所谓"五多":炮制概念多,旅游学者特别善于炮制各种各样的概念和模型。模仿套用多,国外的一篇文章拿过来或者国内写得好的文章拿过来,换个地点或者重新做个调查,就可以得到一篇新论文。注重形式多,研究方法、软件用得很炫,但没有对问题的实质理解。繁文缛节多,为了满足一些评价指标,为了追求一些所谓的规范,出现很多不必要的八股。就事论事多,缺乏理论敏感性(宋子千,2020)。

1.2.4　研究述评

总体而言,现有文献对旅游业人才发展、旅游高等教育发展以及旅游高等教育国际化发展的相关领域进行了较为丰富的讨论和有益的探索,国外专家更多的是基于旅游高等教育国际化的发展趋势、挑战及契机、驱动因素等层面做出探索;而中国的理论界着眼于促进旅游高等教育国际化发展的策略、国际化与本土化的双向互动、基于全球化视野等领域做出分析,为本研究深入分析中国旅游高等教育国际化发展与创新路径奠定了坚实的研究基础,但仍可以从以下三个方面进行拓展研究:

（一）我国旅游高等教育研究起步较晚,缺少旅游高等教育国际化的深入研究

大部分与旅游高等教育国际化相关的研究均浮于普通学科理论,并未彰显旅游专业的特色;此外,有关高职、高专的旅游教育国际化的研究较多,而针对本科及以上的旅游教育国际化研究较为少见,故而旅游高等教育国际化的研究范围缺乏全面性、研究对象欠缺完整性。

（二）旅游高等教育国际化的研究视角单一、尚未形成统一认识,需要开展系统视角的创新研究

已有文献主要集中于课程体系、师资队伍、人才培养模式等方面;然而,其未从总体角度多领域、系统性的研究中国旅游高等教育国际化现状、特点及趋势,且针对旅游高等教育国际合作模式、旅游高等教育国际化的新任务新要求与创新路径的研究尤为欠缺。

（三）旅游高等教育国际化发展缺乏可比性的定量化研究

部分学者对旅游高等教育国际化路径的研究停留在理论探讨层面,缺少实际工作实践经验,缺乏从宏观、中观、微观层面系统分析,缺少基于定量化方法的影响因素识别及有效性检验的研究,进而导致所提旅游高等教育国际化发展路径往往缺少可操作性和实效性。

针对上述文献的梳理和探讨,本研究在现有理论研究基础之上,以我国旅游高等教育国际化为分析主体,不拘泥于旅游高等教育国际化的抽象概念、理论术语,更注重结合中国旅游高等教育发展的实际,从战略高度全方位、系统性地提出中国旅游高等教育发展的思路与实践路径,从理论的高度积极回应工作实践中亟需关注的问题,以此为中国旅游高等教育国际化迈上新的发展台阶提供理论支撑。

1.3　研究内容与思路

1.3.1　研究内容

目前国内外学界关于中国旅游高等教育国际化的研究基本空白,中外旅游高等教育国际比较研究也很少。本书以全球视野,从国际合作与竞争的角度,全面梳理中国旅游高等教育发展历史和主要成就,总结中国旅游高等教育国际化发展历程;调查研究欧美发达国家旅游高等教育状况,包括其发展历史、国家政策、行业规则、教育体系、培养

目标、课程体系、办学特色、综合成效等内容,并与我国旅游高等教育比较,分析借鉴其
成功经验;调查掌握中国旅游高等国际化发展状况,包括出国和来华留学、国际师资队
伍、课程对接与国际课程体系建设、中外合作办学机构及项目、学生联合培养、学术交流
和科研合作等内容;对比分析中国与国外发达国家、中国内地与港澳台地区在旅游高等
教育国际化方面的差异;从学生个体、教师个体、院校环境、行业与市场、国家政策、国际
教育环境各立体层面开展调查问卷和建模分析,研究辨析中国旅游高等教育国际化的影
响因素;同时与教育部国际合作与交流司、留学基金委、留学服务中心、中国教育国际交
流协会等教育国际化政策层面专业人员和国内外数十所知名旅游院系负责人、教授们进
行实地访谈,研究辨析中国旅游高等教育国际化主要合作模式;立足新时代新形势新任
务新要求,以及新技术革命带来的影响,提出中国旅游高等教育国际化发展对策与创新
路径。

1.3.2 研究思路

本书拟采用的学术思路是:坚持马克思主义的基本立场、基本观点和基本方法,以
教育国际化、比较教育、旅游经济、全球化发展等理论为基础,坚持历史与逻辑的统一、
具体与抽象的统一、分析与综合的统一,采用文献研究、比较分析、归纳总结、演绎推理、

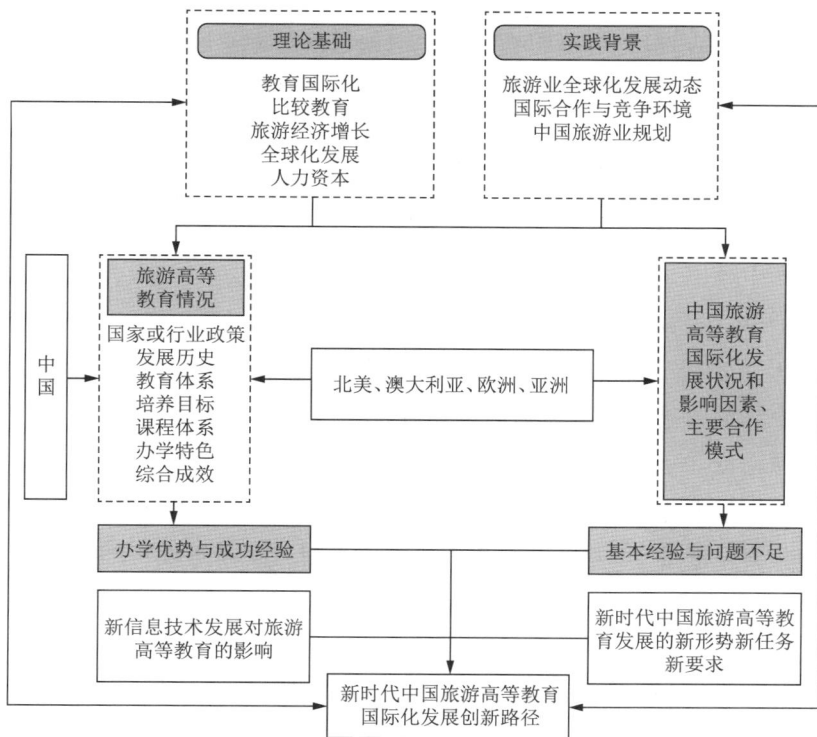

图 1-1 本书技术流程

定量分析和探索性研究方法,结合调查问卷、深度访谈等实证研究,在对中外旅游高等教育国际化进行对比分析和对中国旅游高等教育国际化影响因素、主要合作模式实证研究的基础上,把握新时代中国旅游高等教育面临的新形势新任务新要求,以及新技术革命带来的影响,站在全球市场合作与国家竞争、以高水平对外开放推动高质量发展的角度,提出中国旅游高等教育国际化发展对策与创新路径,就推动我国旅游高等教育改革、加强中外旅游高等教育合作、培养国际创新人才、促进教育及产业国际交流等提出有针对性的对策建议。

1.3.3　研究框架

本书主要包括以下部分:

第一部分,绪论。阐述本课题研究的背景与意义、国内外研究现状、研究内容、研究思路、研究框架、理论基础、主要研究方法以及创新之处。

第二部分,理论基础。在系统梳理国内外文献基础上,从研究的背景、目的和研究重点出发,界定旅游高等教育国际化发展。同时回顾和梳理了教育国际化理论、旅游经济增长理论、比较教育理论、全球化发展理论、人力资本理论,并对相关理论的研究内容、研究思想进行了分析。

第三部分,中国旅游高等教育国际化发展现状。结合我国旅游高等教育国际化发展的历史以及相关政策,分析不同维度下中国旅游高等教育国际化发展状况并对其进行更加详尽的阐述,并对中国内地与港澳台地区旅游高等教育国际化发展情况进行对比分析,从而认识到中国旅游高等教育国际化发展的主要成就、问题与挑战。

第四部分,国外典型国家和地区旅游高等教育国际化发展经验借鉴。主要分区域研究北美、澳大利亚、欧洲、亚洲等地的发达国家旅游高等教育国际化的发展情况,分析其特点进而进行中外比对分析,提出可借鉴之经验。

第五部分,中国旅游高等教育国际化发展实证分析。在调查问卷和统计分析基础上进行层次分析法、因子分析法识别中国旅游高等教育国际化发展影响因素,结合实地访谈信息辨析中国旅游高等教育国际化主要合作模式,为我国旅游高等教育国际化高质量发展谋求方法路径。

第六部分,新时代中国旅游高等教育国际化发展路径。结合新技术革命背景下国际旅游高等教育发展的动态与趋势,分析新时代中国旅游高等教育国际化面临的主要挑战,探究适合中国旅游业的高等教育国际化发展路径,为中国旅游高等教育改革与发展提出合理建议。

第七部分,结束语。对本书的主要观点进行归纳总结,提出现阶段研究的局限性,为以后的发展提出研究展望。

1.4　主要研究方法

1.4.1　文献研究法

文献研究法是指利用学术文献对研究课题进行全方位研究的一种研究方法,旨在对研究问题有科学的认知。本研究对国内外与高等教育国际化、旅游高等教育国际化相关的文献进行查阅与分析,一方面通过对现有学术成果进行系统性的介绍,发现当前研究的盲点与缺陷,以便为发现新的研究切入点创造条件;另一方面通过归纳总结各种文献资料,了解旅游高等教育当前所面临问题的本质与解决思路,从而为文章写作提供坚实的理论根基。

1.4.2　比较分析法

比较分析法是指通过对比客观事物认清其发展本质与客观规律而做出客观公正评价的一种研究方法。比较分析法往往对比研究多个紧密相关的指标数据,由数量层面展现研究主体的规模、速度与多重关系的协调性。在进行对比分析时,通过何种方式选取合理的对比标准极为重要,唯有如此才可取得正确的评价,反之亦然。本研究通过与国外旅游名校的对比分析,明确现阶段我国旅游高等教育存在的关键问题,并通过借鉴其中的成功经验,为中国旅游高等教育的有序进步提供科学指引。

1.4.3　问卷调查法

问卷调查法是一种设计者运用统一设计的问卷向被调查者了解情况或征询意见收集信息的调查方法。本研究问卷调查中主要以中国不同层次的高校的教师与学生为主体,进行旅游高等教育国际化现状调查和旅游高等教育国际化影响因素调查,并编制《院校旅游高等教育国际化现状及影响因素调查问卷》和《旅游高等教育国际化影响因素调查问卷——学生》,通过此问卷调查,旨在通过实证数据收集与分析,建立旅游高等教育国际化水平的评价指标体系,识别中国旅游高等教育国际化发展的影响因素。

1.4.4　定量分析法

定量分析法顾名思义是指将研究指标数量化,并以此为基础研究社会现象的关系、特征及内在变化的研究方法。本研究采用的定量分析方法主要有 GIS 分析方法（姚佳和甘德欣，2012；杨金华等，2018；王英杰等，2020）和统计分析（SA）法（赵鹏和俞继凤，2007；贾玉云和谢春山，2008；李鹏等，2022）、层次分析（AHP）法（马勇和唐娟，2003；屈正庚等，2018；尹奎，2019；石丹和杨慧，2019；李莉和陈雪钧，2020；张彩虹等，2020）以及因子分析（FA）方法（于莹等，2019；陈慧霖等，2022）。前两种方法主要通过图表形式揭示当前国内旅游高等教育国际化的发展特征与格局现状，后两种方法主要用于高等教育国际化发展影响因素的判定。与之同时，本研究实地调研中国旅游高等教育国际化的现实状况，综合运用教育学、经济学、管理学等学科的相关理论，深入探索现阶段所取得的显著成就，审慎判别当前我国旅游高等教育国际化实践所面临的主要问题，从而为推动现阶段中国旅游高等教育国际化提供准确的发展定位。通过采用归纳演绎、研究总结、抽象概括等手段挖掘事物的本质规律，实现由表层到思维的深入加工，取精用宏、循序渐进、由浅入深，最终发现所研究事物的科学属性并掌握其内在的发展规律。

1.5 主要创新点

本书主要有三个创新点：

（1）中国旅游高等教育国际化实践较多，但理论研究很少，更缺乏系统梳理和辨识，目前处于无针对性规划的探索阶段。本书从系统视角，多维度梳理了中国旅游高等教育国际化现状、特点、趋势，全方位对比分析了内地与港澳台地区旅游高等教育国际化发展情况，以及国外典型国家和地区旅游高等教育的发展历史、主要特征、成功经验，基于系统性思维提出了新时代中国旅游高等教育国际化创新发展路径，丰富了新时代高等教育国际化理论。

（2）结合文献研究法、问卷调查法，从宏观、中观、微观层面提炼初始指标体系，并获得一手原始数据，运用层次分析法科学识别中国旅游高等教育国际化影响因素，主要包括学生经济条件、出国留学动机、院校全球性教育观念、旅游产业国际化复合型人才培养、国家对旅游管理国际化的政策支持；在此基础上，运用信度效度检验、验证性因子分析等方法，对中国旅游高等教育国际化影响因素进行有效性检验，弥补了以往影响因素研究重识别、轻检验的缺陷，为探索中国旅游高等教育国际化发展模式提供依据。

（3）通过调查问卷和实地访谈对国内外数十所旅游院校和国家相关教育主管部门进行实地调研和深度访谈，并结合实际工作经验，明确了中外旅游高等教育国际化发展的异同和参考借鉴；归纳辨析出移植模式、嫁接模式、海外实习、走出去办学、混合模式等主要旅游高等教育国际合作模式；全方位辨明新技术革命背景下旅游高等教育发展动态与趋势，深刻把握新时代我国旅游高等教育新形势新任务新要求，从国家、行业、学校、教师、学生融会视角提出了推动与完善我国旅游高等教育国际化创新路径与实践新思路，增强了旅游高等教育国际化的可操作性与实效性。

2

理论基础

2.1　概念界定

2.1.1　高等教育国际化

高等教育国际化至今没有统一的确切定义,但其概念及内涵可从高等教育国际化理论发展和实践发展两个层面来理解把握。

从国际化理论发展角度来看,20 世纪 30 年代诞生了最早的高等教育国际化概念,黑斯廷斯·拉什达尔(Hastings Rashdall)认为高等教育国际化是一种把国际意识融入高等院校教学过程和科研方式的过程及趋势。第二次世界大战结束后,国际局势相对稳定,第三次工业革命随之到来,世界发展水平趋于两极化,以英美为代表的西方发达国家发展水平远超亚非拉地区,而这种时代特征也同样映射在了高等教育国际化中,在此时期的高等教育国际化主要形式为发达国家针对发展中国家开展教育援助。Butts(1967)提出:"高等教育国际化须包含国际化的课程内容、跨国研究、学生和学者的跨国流动、培训流动、保证教育扶持与合作的国际体系。"1980 年以后,借助现代交通和通信技术,高等教育的国际交流合作取得更深进展。20 世纪 80 年代中期,喜多村和之提出了高等教育国家化的三条标准:他国文化的可接受性,组织的开放性,不同种族、国家和文化背景下信息的可交流性。20 世纪 90 年代初,Arum 和 Water 提出,国际化是一种关于国际研究、教育交流和技术合作的各种项目、活动及服务。通过分析高等教育国际化的内涵,可知此阶段高等教育办学者之间的合作与交流停留在较浅层次,国际化还未成为高等教育的核心战略,国际化的策略及途径也相对简单。

21 世纪以来,全球化进程不断推进,世界高等教育的合作交流的深度与广度都进入了新的层次,办学主体不再是单一的大学,一些国际组织也参与到国际化办学活动中,因此高等教育国际化的内涵也有了新的发展。Knight(1993)首次将高等教育国际化定义为,一种全球性的、国际的、跨越文化的高等教育机构进行教学、研究和服务的过程。这个概念指出了高等教育国际化的发展新方向,即把国际要素融入高等教育机构办学活动中。Wende 和 Marginson(2007)就认为:"高等教育国际化是经济政治和信息技术全球化的结果。"同时,多个国际组织也表达了各自对高等教育国际化的理解,其中,国际大学联合会（IAU）较有代表性，其认为高等教育国际化应当是使跨地区与跨文化的氛围和观点融入大学教育、科研、服务等主要工作的过程。并且此过程包含学校内外的变化，不论自上而下还是自下而上都包含其中，还有大学自身的政策导向。Cheng等（2017）指出，高等教育国际化是一种建立在国家和院校层面，在高等教育的功能、目的或传递中整合进国际的、跨文化的、全球的维度的过程。其中，将其定义为"过程"说明高等教育国际化是一个持续向前发展的状态，同时也指明国际化这一概念一直处在发展和演变的过程中。"国际化""跨文化"与"全球性"是三位一体的概念群，通过该概念群，可以获知国际化在广度和深度上的丰富内涵。"目的""功能"与"传递"蕴含着高等教育的宏观与微观的多种要素（简·奈特，2011）。虽然简·奈特对高等教育国际化的定义是学术界接受程度最高的，但简·奈特（2012）仍表示担忧，认为"国际化"这个词应当先进行适当的定义修订，考虑高等教育国际化的基本价值观，使其调整成为更适合高等教育跨文化、全球性的词汇。De Wit H（2011）指出，当前高等教育国际化发展迎来了新的转折点，其概念也需在充分考虑更多发展中国家带来的影响后及时进行更新。

随着全球化进一步深化，发展中国家的高等教育迅速发展，高等教育国际化的内涵将进一步被充实和丰富。但在实践中，我们对国际化的理解仍不够深入，如王英杰（2018）所说："目前中国已步入'构建人类命运共同体'的广义国际化新时代，但需要注意的是，我们的高等学校对国际化的理解仍比较狭隘，似乎还停留在追求留学生数量和教师国际经验的浅显层面。"在实践办学过程中，我国还存在着刻板追求国际性、教育要素形式化的问题，而忽视了国际化办学的真正内涵。在新的国际化阶段，高等教育国际化办学的理念要表达出正确的价值取向，正确引导我国高等教育发展。具体内容如下：高等教育国际化是世界一流大学的基本特质，也是其核心竞争力所在；国际化办学应体现在办学全过程中，并将办学资源扩展到全球范围；高等教育国际化肩负着解决人类共同问题、构建人类命运共同体的重任；除显性的组织和学术策略，还应重视且借鉴隐形教育要素的跨境流动（伍宸和宋永华，2019）。在此价值取向下，高等教育国际化的概念将进一步发展，具体表现为：在先进办学理念下，办学主体通过实行多种国际化办学策略，使国际性教育要素以及资源多方位地融入自身或全球高等教育体系之中。

同时，从近年来教育国际化实践发展来看，全球最主要的三大国际教育组织就教育国际化给出了相应界定。

（1）成立于1948年的国际教育工作者协会（NAFSA）是全球最大的国际性非营利教育协会，拥有包括全球150多个国家和地区的3 500多家机构万余名成员。NAFSA成立于1948年，其前身为全美外国留学生顾问协会，旨在推动和促进美国各高校国际教育交流的发展，同时负责建议和协助第二次世界大战后赴美留学的外国学生。随着美国留学生教育的飞速发展，协会的活动范围不断扩大，扩展和涉及包括高校招生人员、英语国际教育专家和决策领导者等。20世纪90年代后，出国留学、参加国际学术交流计划和第二语言学习成为协会工作的重点,其在国际教育和交流方面已起到显著作用,因此正式更名为国际教育工作者协会这一现存名称。21 世纪后,NAFSA 一直是高等教育国际化的持续倡导者和坚定支持者,其年度会议和刊物《国际教育家》一直是有关高等教育国际化的意见研讨和争论的最佳平台。在对高等教育国际化定义的解读方面,NAFSA 于 2011 年发布了其纲领性指导报告《全面国际化:从概念到行动》(以下简称《全面国际化》),探讨了高等教育国际化的必要性,阐明了该协会所认可的国际化理念、目标和方法,指出国际化是一项基于行动确认的承诺,旨在为整个高等教育的教学、研究以及服务注入国际和比较的观点。该协会提出高等教育国际化发展的内容和指标,主要包括以学生为中心的教学措施和学习成果和教职工的学术研究奖项,其中基于学生的国际化指标包括出国留学、全球化视野以及比较研究专业的学生人数与层次(Hudzik,2014)。

(2)成立于 1989 年的欧洲国际教育协会(EAIE)是以欧洲为主专门从事高等教育管理和国际化的专业组织,其成员来自欧洲及其之外的 80 多个国家的 3 000 多家高校。EAIE 表示,其使命是"帮助我们的会员以欧洲的角度专业地取得成功,并为国际高等教育的发展作出贡献"。EAIE 主要工作是为学术和非学术专业人士提供应对国际化挑战的最佳实践和可行解决方案,虽然重心是促进欧洲高等教育的国际化发展,但对于全球其他地区的国际化发展也提供咨询和建议。EAIE 每年在欧洲地区选择一个国家举行年会,并制作其年度报告《高等教育国际化手册》,呼吁各国政府、机构和高校提供和保证对国际学生的政策支持,现今 EAIE 年会已经成为欧洲乃至世界上具有影响力的国际教育交流活动之一。除此之外,作为 EAIE 最重要的研究活动,其报告"高等教育国际化晴雨表"是欧洲有史以来规模最大、地理上最具代表性的研究,迄今为止该报告共发布过两版,最新的第二版晴雨表报告发布于 2018 年,来自欧洲地区 45 个国家的 1 292 所高校的 2 317 名受访者接受了调查,从报告中可以清楚地看到 EAIE 对于高等教育国际化概念的具体看法与理念。EAIE 明确指出,国际化并不是自然而然和一蹴而就的,必须是一个需要经由目标制定、政策实施和人员培训的长期过程,2018 版晴雨表调查分为三部分内容:第一部分包括机构概况、国际化发展战略以及质量保证措施,主要针对提升教育与研究质量、增强学生国际竞争力、吸引更多国际学生、更好地服务于本地社会及经济利益发展等;第二部分则主要调查各机构实施国际化的举措和水平,该部分预先设置和限定国际化的举措范围,包括国际学生的招收、国际教职工的聘用、课程的国际化、联合学位或双学位、战略伙伴关系、远程和在线国际交流等;第三部分则是针对高等教育国际化的挑战,包含内部挑战和外部挑战,尤其是在外部挑战中关注了人才流失、移民壁垒、高昂的留学费用甚至民族情绪的高涨等内容。

(3)成立于 1950 年的国际大学联合会(IAU)是由联合国教科文组织(UNESCO)赞助的会员制非政府组织,旨在成为最具代表性和影响力的多元化高等教育全球协会,并通过专业知识和趋势分析、出版物和门户网站、咨询服务、对等学习以及全球性活动等途径来推进和领导高等教育国际化的发展。目前,国际大学联合会拥有约 120 个国家或地区的 600 余名成员,大多数均来自世界各地的高校和研究机构。IAU 认为,高等教育国际化既是全球化时代的必然过程,也是提高质量和相关性的深思熟虑的必然选择。其对于国际化的研究更为侧重于学术原理、过程的公平性和协作性,旨在最大限度地减少和消除国际互动在具有不同资源、需求和利益的高校之间高度不平等和多样化的情况下产生的不利影响。2016 年,第 15 届 IAU 全体大会通过了《国际大学联合会 2016—2020年战略发展计划》,强调高等教育国际化为其重点关注的主题和领域,并提出以促进价值观为基础的国际性领导力等四项战略优先事项。IAU 在推动高等教育国际化中的最大贡献是其全球性国际化调查,2003 年首次调查只有英语国家为主的 66 个国家或地区的 176 个单位参与,到 2018 年第五次国际化调查时 131 个国家和地区的 1 300 余个单位参与,并且调查模式和内容都是各国专家协商并共同研制开发完成。调查表明了 IAU对于高等教育国际化概念的理解,并检查哪些活动被认为是国际化的必要选择,包括国际化的优先事项、国际化相关的活动与战略、学生的流动性趋势、家庭国际化程度等,既包括各高校对于国际化发展的态度,也包括国际化的组织架构、监控或评估体系、资源预算以及国际化具体成果等,把招收国际学生、促进学生的国际交流、构建国际研究合作伙伴、联合学位以及跨国分校和远程教学等活动作为高等教育国际化发展的必由之路,从而潜在地定义了国际化概念,同时也对高等教育国际化发展的障碍与挑战作出了评估。对民族国家认同的影响、语言多样性的丧失、课程的同质化、本国人才的流失以及不公平的加剧被认为是最主要的风险。

2.1.2　旅游高等教育国际化

本书在系统梳理研究的基础上,从研究的背景、目的和研究重点出发,将旅游高等教育国际定义为旅游高等教育办学主体在全球化背景下,把国际的、跨文化的、全球的维度整合进自身人才培养、科学研究、社会服务、文化传承、交流合作等目的、功能或传递的过程,是走国际化发展道路、融合国际教育要素资源办学、培养旅游国际化人才、促进国际教育交流合作、实现旅游高等教育高质量发展、支撑推动旅游业长期可持续发展的理念、战略、路径、实践、评估等多方面活动的集成。

旅游高等教育国际化教育涵盖了教育理念、课程设置、师资结构、教学方式方法、学生构成、学术科研、办学模式、评价指标的国际化内容;因此,国际化不是全盘西化也不是与国际旅游高等教育的简单接轨,而是旅游高等教育进行全方位、多途径的优化过程。具体包括以下发展特点:① 旅游高等教育的发展既适应本国的需要、继承和发扬本国的特色旅游文化,又要顺应全球发展潮流、全方位吸纳国际成功经验;② 面向国际化视野,开设有关旅游高等教育的国际课程,培养拥有全人类胸怀、具备灵活处理旅游事务能力的旅游管理高素质人才;③ 通过派遣、出国留学、进修、研究等方式,广泛开展旅游专业师生的国际交流。

2.2　相关理论

2.2.1　教育国际化理论

根据教育大词典释义,教育国际化(Internationalization of Education)是第二次世界大战后国与国间相互交流、研讨、协作,解决教育上共同问题的发展趋势(顾明远,1998)。

教育国际化是世界教育发展的必然趋势,也是当今教育研究的热点问题。教育与国家发展之间的关系问题历来是教育理论研究的基本内容之一。很长时期以来,教育与国家发展的研究更多的是从一个国家内部分析教育与人、教育与社会的关系问题。在迈向现代化的进程中,各个民族国家的教育系统愈加开放,与外部国际环境的物质与能量交换日益频繁,相互合作也渐趋增强。因此,研究各国教育在国际化进程中的发展问题,考察国际因素对于一个国家教育发展的影响,将拓展对于教育与国家发展之间的关系的认识。当前,国际教育对各国的教育均产生一定程度的影响,一个国家要想实现教育的发展,就必须与国际教育实现双向互动。对于不同国家,尤其是广大发展中国家,通过对教育国际化发展道路进行分析,能够提供客观分析本国教育发展状况的一种全新视角和范式。

美国卡内基高等教育政策研究理事会出版的《扩展高等教育的国际维度》一书中指出,高等教育要国际化,1992 年的“美国高等教育面临的国际挑战”研讨会,有学者明确提出:国际化已经成为高教发展所面临的关键性问题。高等教育国际化已成为新时代的发展潮流。近年来,高等教育国际化出现了一些值得注意的新趋势。一些发展中国家,如泰国、马来西亚,则放宽限制,积极探索利用合作办学模式,实现师生交流、学分相通、课程互认、文凭和学位获得双方承认等形式,促进高等教育国际化。从旅游高等教育的层面而论,积极探索中外合作办学是值得深入研究的重要课题。其次,信息交流技术为高等教育国际化提供了新空间。推动旅游高等教育的国际化,同样需要重视区域内的交流与协作。

本书探讨的是教育国际化的基本理论和实施策略具体到旅游高等教育领域如何应用。教育国际化和旅游高等教育国际化的关系是教育整体与聚焦到学科发展的关系,是全部与局部的关系,也是基本理念与具体实践的关系。在研究之初,在理论归纳分析时着重对教育国际化的内涵做了初步界定,并从哲学的角度阐述了教育的国际化、民族化与西方化的关系。之后,特别聚焦到旅游高等教育国际化,围绕学科建设发展和国际化人才培养,理论与实证研究相结合,明确了教育国际化的制约因素,其中外部制约因素主要包括经济、政治、文化、信息技术等方面,内部因素则来自教育自身生存和发展的需要。在实施策略和创新路径部分,主要探讨了中国进入社会主义新时代后新形势新任务新要求,旅游高等教育培养目标、课程、国际理解、国际交流、教育服务贸易以及如何处理国际化与民族化的关系等。

2.2.2　旅游经济增长理论

旅游产业已成为社会经济发展的关键一环,当下在旅游经济学的相关研究中,主要涉及以下内容:旅游资源及其配套设施的挖掘、构建、开发与保护所遵循的经济原则和落实方案;旅游供给与需求的基本规律;旅游产业发展的举措与管理理念;旅游产品、市场及服务的属性、途径及其在未来发展演进的方向等。第一次工业革命的兴起促使交通运输设施发生巨大的变化,而这也带动旅游活动的蓬勃兴起,旅游产业迎来发展的契机,而对以何种方式推动旅游经济的进步也成为学术界关注的较低。彼时,学者多从全球旅游现状层面展开研究,具体涉及旅游统计、产业运营等内容,最具代表性的是意大利专家博迪奥发表的《关于意大利外国旅游者的流动及其花费》与马里奥蒂的《旅游学讲义》。第二次世界大战后,旅游经济学迎来复苏,德国博尔曼的《旅游学概论》、联邦德国的克拉普特的《旅游消费》是较为知名的著作,美国、日本、法国等发达国家的专家从旅游市场、消费者心理、旅游经济、运营战略等多个领域做出探讨,试图从理论层面介绍旅游经济学,学术界对该问题的研究可谓多点开花。

旅游业逐渐成为世界经济中重要新兴产业,成为国民经济发展的重要产业,由此,旅游经济学的研究也越发成为热点(刘耿大,1998;姚先林,2020)。旅游经济学是一门经济科学和旅游科学交叉的学问,既属于经济科学的应用经济学范畴,又属于旅游科学中的基础学科(郭胜,2005)。就研究对象而言,旅游经济学研究旅游活动中的经济问题,也就是说,从旅游者、旅游经营者、旅游组织等视角,研究旅游活动中的各种经济现象、经济关系和经济规律,从而揭示旅游活动中经济关系的主要矛盾、内在规律及其运行机制,进而制定合理有效的政策与措施,科学推动旅游经济可持续发展。从旅游经济学的学术研究而言,首先,需要站在旅游者的角度,深入研究人们为什么要安排旅游,如何选择旅游产品以及旅游产品的消费行为等。其次,需要站在旅游经营者的角度,深入研究旅游产品的服务对象、旅游产品的类型以及提供旅游产品的方式等。再者,需要站在旅游投资者的角度,则需要分析旅游产品、旅游供给、旅游投资和收益等。最后,需要从体制机制出发,研究市场经济条件下的旅游市场、旅游价格、旅游供求平衡机制等。而且,需要从旅游管理的角度,规制旅游市场、调控旅游经济的宏观运行,分析旅游宏观调控、旅游经济结构优化、旅游经济效益评价、旅游经济增长与发展等。这些都对旅游教育提出了相应的要求,需要从教育者、受教育者、教育内容、人才培养规格等方面予以积极的回应。新经济的内涵主要为"边际效益递增、创新驱动和可持续性",旅游新经济的生产函数包含知识、生态环境、自身生产,这三个要素决定了旅游经济是一个创新型经济体系和生活型经济形态。把旅游经济建设成为创新型经济体系、开放性产业平台和生活型社会舞台,将有助于旅游经济的转型升级和助推中国旅游强国建设(田喜洲,2004;李柏文和韦航,2014;张俊娇和姚延波,2020)。

总体上,中国在旅游经济学的学术探讨层面起步较晚,尚未搭建起成熟的研究方法与理论体系,更多的是翻译、研究国外的文献成果。尤其是近年来,部分学者译介国外旅游经济学的名篇名著,此为推动中国旅游经济学的理论发展夯实根基,为进一步拓宽研究范畴、打开研究思路提供启迪,为今后开展旅游经济学的研究提供大量的学术参考。除此之外,先进的学术理论更是为中国旅游经济学实践提供指引,是推动本土旅游行业发展的重大动力,导致本土旅游经济学发展的积极性大大增强(胡金平,2001;吴必虎和黎筱筱,2005;田建国,2009)。

具体而言,旅游经济增长特别是内生动力推动高质量发展离不开高素质旅游人才的支撑,高素质旅游人才的培养离不开旅游高等教育的建设与发展,在全球化背景下国际化发展道路又是旅游高等教育强化建设的必要之路,故本研究推动旅游高等教育国际化理论研究与实践探索,为旅游高等教育高质量发展插上腾飞之翼,进而通过国际化人才培养为旅游经济长期可持续发展提供支撑。

2.2.3 比较教育理论

比较教育学(Comparative Education)汲取辩证唯物主义与历史唯物主义的精髓,采用最先进的科学技术手段,对全球多个国家、民族及地区的教育水平差异进行探索。该理论结合各国经济、文化、政治、文化习俗等多方要素,分析取得教育的基本特征、普遍规律,并预判教育的发展前景,以此为各个国家相互交流、取长补短提供教育上的支持,继而助推教育质量与社会科技水平迈上新的台阶(赵森和易红郡,2021)。当学者发表比较教育完全依靠在其他社会科学理论之上时,时常被批评为"折衷主义"。而事实上,比较教育理论分析框架的历史演进有力地印证了比较教育是一门验证性研究,除此之外,理论的比较构成了比较研究的逻辑起点,也是比较研究的优势所在(俞凌云等,2023)。

21 世纪,随着科学技术的迅猛发展,尤其是信息化、数字化的飞速发展,使人类文明从工业文明走向了信息文明,社会生活的方方面面都发生了巨大变化,包括劳动方式、生产方式、生活方式、思维方式等。信息网络化加速了各种文化思想在世界范围的飞速传播。这一切都极大地促进了教育的国际化。教育国际化倒逼本土教育的发展和变革，也带来了比较教育的发展与繁荣。中国是一个名副其实的发展中国家，改革开放40多年来有了飞速的发展，但是，国际教育的竞争日趋激烈，不进则退，缓进亦退。发达国家的教育并非停步不前，中国要赶超发达国家的教育水平，中国教育还存在许多困难。越是面对这种局面，我们越应突出比较教育的视野，研究国际教育发展规律，借鉴外国优秀教育经验，吸收一切先进教育经验，发展本国教育。

比较教育学将国际性、可比性与综合性等多重属性融为一体。比较教育，顾名思义就是对比分析多个国家的教育，充分彰显跨国性与国际性的特点。对于国际教育而言，唯有经过对比、鉴别才能够发现与社会经济发展相适应的客观规律。比较经济学需要对数门社会学科学成果进行分析，在此过程中应多方糅合多学科理论知识，故而突破单一学科的范畴。由此可见，高端教育研究者必须掌握经济学、哲学、社会学、民族学等多个领域的知识，同时灵活运用多种学科分析方法，唯有如此才可更为全面、系统性地对比各国教育。

比较教育具备较强的交流性。深入分析比较教育能够推动各国教育资源、教育变革与教育发展的沟通与融合，搭建起多元化、系统性的全球教育体系。而且比较教育还能推动全球各国的协作与互动：总体而言，全球教育发展极不平衡，而比较教育则通过开放的形式促使落后地区获取到更为先进的教育信息，从而促使各个国家间实现文化交流、资源共享，搭建起协同发展、互相进步的合作关系。比较教育具备较强的示范作用，构建先进样板，帮助欠发达国家学习更高层次的发展模式，深入推进教育体制机制变革，迅速赶超一流国家；同时能够转变落后的思维模式，突破壁垒，开放包容，搭建起多元化的教育机制，并且为各个国家和地区提供交流学习的机会，打造多边合作伙伴关系（陈时见和王远，2019；侯佳和侯怀银，2022）。

首先，继续深入追踪发达国家优秀的教育经验。发达国家的教育走在历史发展的前沿，对于本土教育有着重要的借鉴意义，为此，必须跟踪研究各国新的教育改变、新的教育理论和新鲜的经验，尤其需要通过研究发达国家已有的教育成果，预测教育发展的趋势。当前，我们研究中国旅游高等教育，同样需要研究发达国家在旅游高等教育方面已有成果，并通过深入研究，分析和预测旅游高等教育发展的趋势（高波，2013）。

其次，深入到该国的社会生活之中，继而深入研究该国的教育。肩负比较教育的使命，到一个国家去留学访学，不能仅仅埋头于课堂上和图书馆里，听教师讲课和收集资料固然是重要的，但是，也需要深入到该国的社会生活之中，进行田野式的考察调研。仅仅听教师讲课，单纯收集一些研究资料，不深入到社会中去，不做田野式的考察，难以融会贯通，学到的仍然是脱离实际的书本知识和理论。研究国外旅游高等教育同样如此，需要深入到课堂里，深入到教材中，深入到教师中，深入到学生中，尤其需要深入到旅游的体验与管理中,通过"沉浸式"访学、"体验式"感悟,学习国外旅游高等教育的深刻经验、新鲜经验和生动案例。

再次,注重比较教育研究本土化问题。现在世界各国的教育理论精彩纷呈,各种教育理论都有其合理性,各种教育理论也植根于各自的哲学基础和文化背景。围绕旅游高等教育,我们引入任何一种先进理论,都需要进行批判性扬弃,吸收其合理的一面,吸收其精华,融入本土旅游高等教育实践,对此,要避免照搬照抄,同时也要防止削足适履。旅游高等教育的国际化,就表现在旅游高等教育的国际交流与合作,互相学习,互相融合,取长补短上。在全球化时代,纯粹的本土教育理论是没有的,本土产生的理论也需要从世界文化中吸收营养。

最后,要把比较教育研究与本国教育发展的实际结合起来。我国是一个发展中国家,教育决策部门、教育实际工作者迫切希望比较教育提供可借鉴的外国教育经验。具体落实到旅游高等教育,需要比较教育学者关心本国旅游高等教育的现实。比较教育本土化问题的关键,在于我们对自己实际情况有深刻的认识。只有对自己的旅游高等教育的国情有了认识,才能以我为主,吸收一切有益于本土旅游高等教育发展的理论,建立本土化的旅游高等教育理论。

2.2.4　全球化发展理论

全球化(Globalization)是过去 20 年来使用频率极高但其指涉现象和具体内涵却相当模糊多变的语词之一。促使全球化话语快速生产、传播的相关联的语词和意象包括"后工业社会"(Post-industry Society)、"后福特主义"(Post-Fordism)、"网络社会"(Network Society)、"后现代性"(Post-Modernity)等。此外,"全球化"一词常与"全球性""国际化""美国化"或"全球资本主义"等语词混用。全球化不仅是一种理论概念,而且是人类社会进步的一种现象。现阶段,学术界对全球化的定义多种多样,而绝大多数学者认为全球化代表着各国间的联系更为紧密,人类生活于全球化的环境当中,全球理念深入人心。各国在政治与经贸往来上相互推进、密切相关。全球化也可被认定为整个世界是一个大整体。步入新世纪,各国对此高度重视,并逐渐引起政治、教育、社会及文化等学科领域的普遍关注,引发大规模的研究热潮(商志晓,2009;丰子义,2011;覃蕾,2019)。

当前,全球各国经济交流与合作趋势愈演愈烈,自从 21 世纪初加入 WTO 以来,中国成为世界经济中的一环,与全球市场的联系日益密切,学者许斌表示"当下最重要的,是需要有全球化的经济视野"。我们无法忽略世界经济一体化对中国社会发展与人类生存带来的巨大影响。面对国外海量的学术文献,中国亟需基于世界市场打造成熟的全球化理论体系,从整体层面分析全球化,以此帮助我们掌握瞬息万变的全球形势,预测即将发生抑或是正在发展中的事件,并精准区分各种转折点,从而取得更为全面深刻的理性认识。

如果将"全球化"与教育问题关联起来,一方面,需要思考,如果存在一种全球共同认可的教育思想、制度与方法,那么这种教育思想、制度与方法则有一个区域化的问题;另一方面,区域性的、地域性的教育思想、制度和方法,必须突破其区域性,泛化其地域性,从特殊走向一般,从而为全球的"他者"所借鉴、学习和再创。也就是说,比如,发达国家的教育思想、制度和方法,首先难免其特殊性、地域性、区域性,但是,其教育思想、制度和方法获得了一种全球的认同认可,并为其他国家和地域所吸收、吸纳、采纳,如此一来,就获得了一种"全球化"的价值与意义。教育全球化是这种矛盾性的辩证统一。

首先,教育全球化是一种教育的普遍性与特殊性的统一。教育全球化是一种普遍化,体现为各国、各民族和各种不同文明体系之间在教育的思想、制度和方法上的某种趋同性。不如,终身学习的理论,全民教育思想,这些教育思想已为世界各国所接纳。落实到旅游高等教育,则需要从普遍性的角度,探讨全球旅游教育的基本特征、普遍规律、主导理念。但另一方面,与全球教育普遍化相伴随的则是全球教育的特殊化。比如,虽然世界各国均已接纳终身学习的教育思想,均已接纳全民教育思想,但各国所采取的终身学习与全民教育的制度安排却各有不同。对于旅游高等教育同样如此,应当具有普遍性的教学方法、教学内容,教育理念、教育思想等,同时,各国有自身的实际,有自身的国情,正是在这个意义上,它也是普遍性与特殊性的统一。

其次,教育全球化是一种教育的一体化与区域化的统一。教育全球化是一种一体化,它表现为国际性教育组织的增加,如联合国教科文组织(UNESCO)、国际教育局(IBE)、国际劳工组织(ILD)、世界银行(World Bank)、世界贸易组织(WTO)、非洲科学教育规划署(SEPA)、东加勒比国家组织(OECO)、东南亚教育部长组织(SEAMED)以及欧洲经济共同体(EEC)。这些国际组织在国家之间乃至地区之间发挥着越来越大的作用。就在全球教育一体化的同时,各国家、各民族和各区域却比以往任何时候都重视自身的独立性,比以往任何时候都珍惜本土优秀文化传统,重视民族文化传统的延续与传承,持续致力于自身文化的保护和自立。在此背景下讨论旅游高等教育,一方面需要重视全球性交流,另一方面也需要加强区域性合作。

最后,教育全球化是一种教育的国际化与本土化的统一。各国教育为了方便在全球范围交流沟通或合作竞争,为了培养能胜任全球就业市场的人才和扩大自身教育影响力,普遍越来越倾向于通过"与国际接轨",采用为世界各国所共同接纳与遵守的标准与规范,譬如,教育质量检测的国际标准、科学技术研究的国际规范、教育教学统计的专业术语等。与此同时,必须保留自身的特色。在此背景下,一方面需要重视旅游高等教育的全球性,另一方面也需要重视旅游高等教育的本土化。

2.2.5　人力资本理论

　　传统的资本投资以物质资本投资为主导,而人力资本理论改变了这一经济理论格局,注重人口质量、人力资本投资的作用以及教育投资在人力资本投资中的核心作用等,开辟了经济学全新的研究领域。早期的人力资本思想来自古典经济学时期经济学家们的著作。古典经济学家威廉·配第在其著作中《赋税论》第一次提出劳动创造价值这一思想(威廉·配第等,2006),此后,他首次尝试把人力看作资本,对人的经济价值进行估算,用来衡量一个国家的综合实力(威廉·配第等,2010)。在威廉·配第的研究基础上,亚当·斯密对人力资本投资的思想进行了新的探索,并认为教育会导致从事不同工作的劳动者表现出来的能力有所不同,由此提出,教育获取才能的过程中所花费的资本可以成为受教育者的固定资本(柯亨,2008)。法国古典经济学家 Say 继承并发扬了亚当·斯密的人力资本思想,并以全新的视角,对人力资本的概念以及人力资本投资进行了更为深入的论述;他认为只要人们通过教育或培训获取的技能产生生产效用,教育就可以看作一种资本(程恩富,2010)。虽然古典经济学家们没有明确提出人力资本理论,但是,其著作中与人力资本理论相关的信息为人力资本理论的最终创立奠定了重要而坚实的基础。

　　现代人力资本理论出现在第二次世界大战结束后。当时,美国等西方发达国家的经济迅速恢复并得到快速发展,经济学家们试图对其中的经济增长问题进行研究及解释。然而,传统经济学理论对经济增长现实的解释无力,由此,人力资本理论应运而生。Schultz 于 20 世纪 60 年代在美国经济学会上进行演讲,对人力资本的相关观点做出了比较系统的阐述并运用"增长余值法",测算出 1929—1957 年间,教育对美国经济增长的贡献率为 33%。该测算结果不仅成为现代人力资本理论的坚实基础,而且,还从宏观层面上实证检验了教育对于促进经济增长的重要作用(张传兵和居来提·色依提,2021)。继 Schultz 之后,经济学家 Becker 对人力资本理论的发展做出了重要的拓展与创新,提出对人力资本的解释不仅要考虑知识、技能以及才干等因素,更要注重健康和时间因素(杜丽群和王欢,2021)。

　　人力资本理论为本文研究的中国旅游高等教育国际化发展与创新路径具有重要的指导作用。在知识经济迅猛发展的新时代,一个国家或者一个企业想要在全球竞争市场中获得竞争优势,其核心力量是人力资本的质量。我国高等教育的高速发展,人们的受教育水平的提高,一方面在提高人们实践技术技能的同时,另一方面,对科学技术和科技成果的消化、吸收和应用能力也大大增强。目前,我国旅游管理国际化人才的培养与当前人力资本的培养存在着"不平衡,不充分"等问题,专业的旅游高等教育人才不足,国际化旅游人才紧缺,高素质综合能力强的旅游拔尖较少。旅游高等教育需要培养真正的高水平、满足旅游国际化的紧缺人才。要将人力资本理论研究与我国旅游高等教育国际化紧密联系起来,使得人力资本培养的知识和技能被广泛地引用到旅游市场、旅游国际化之中,从而提高我国旅游产业的产出数量和产出质量,促进经济的高质量发展。只有发展教育,提高人们的知识水平,加强人们的工作技能,基于人力资本理论实现我国高等教育国际化发展,最终才能推动经济的高质量发展。

2.3　本章小结

本章首先探讨了旅游高等教育国际化的相关概念,认为旅游高等教育国际化是把国际的、跨文化的、全球的维度整合进自身人才培养、科学研究、社会服务、文化传承、交流合作等目的、功能或传递的过程,是走国际化发展道路、融合国际教育要素资源办学等多方面活动的集成。其次,从教育国际化理论、旅游经济增长理论、比较教育理论、全球化发展理论、人力资本理论出发,阐述本书的重要理论基础。

3

中国旅游高等教育国际化发展现状

3.1　中国旅游高等教育发展历史演变

随着市场经济全球一体化发展,中国旅游产业迎来新的发展空间,逐步走向国际舞台,对旅游人才的要求也越来越高。国际化是中国旅游高等教育高质量发展的必由之路,对此,国内高校为适应时代发展的需求,树立开放办学理念,转变教育教学观念,更新课程专业,加快国际化发展进程。此外,国内大批旅游高校相继将国际化理念应用于实践当中,积极与国外高校进行学术交流、合作研究等,而这也从侧面反映出中国旅游高等教育国际化的理念被越来越多的人所接受。

3.1.1　中国旅游高等教育发展历程

中华人民共和国成立之初旅游高等教育并未引人关注,国内尚未建立专业化的旅游人才培育高校,高素质旅游人才十分短缺。20世纪70年代末,上海旅游高等专科学校成立,这是我国首所旅游类高等院校,自此,中国旅游高等教育开启了百家争鸣的新时期。中国旅游高等教育国际化发展历史是伴随着改革开放的步伐,与旅游高等教育的本身发展历程齐步同频。主要分为如下几个阶段。

（一）第一阶段（1978—1988）

1978—1988年,中国旅游高等教育发展开始萌芽,此时学者对该概念进行初步探索。改革开放政策的实施促使旅游业发展态势迅猛,为满足旅游产业对高素质人才的需求,上海旅游高等专科学校是我国第一所旅游高等院校,创建于1979年,由此迎来了中国旅游高等教育的新局面。此后,南开大学、天津大学、浙江大学等先后设置该学科专业,并且与当地政府部门合作创立旅游人才培训基底,其中最具代表性的是天津旅馆干部培训中心。天津旅馆干部培训中心为我国旅游业的发展做出了开拓性的贡献,具体表现是大量人才为我国旅游业由外事接待型向经济效益型的转变做出贡献（李虹,2001）。20世纪80年代中期,我国旅游高等教育迈入探索性发展时期,究其原因,该时期中国多所综合性大学进行学科（专业）重组,正在蓬勃发展的旅游业则引起了高等教育界的关注,进而纳入高等院校'试办'的议事日程（林伯明,2004）。

（二）第二阶段（1989—1995）

该阶段为中国旅游高等教育持续推进时期,旅游教育实现规模化发展。随着我国旅游业的高速发展,旅游高等教育紧随潮流,在数量与规模上均实现巨大的突破,旅游人才需求量显著提升,各大高校相继设置旅游专业课程,东北大学旅游管理学院、武汉大学旅游系、武汉大学的烹饪学院在当时享誉全国,除东部地区的高校开设旅游专业课程以外,中西部地区的院校也不甘落后,相继设置该专业。相关数据表明,彼时全国范围内各省大多开办多家旅游院校,旅游高等教育持续扩招,且开始出现旅游专业的硕士研究生,这象征着中国旅游高等教育在注重量的同时不断提高质的水平。

（三）第三阶段（1996—2010）

自 1996 年至 2010 年,我国旅游教育开启了高速发展的新时期,此时期更加关注的则是旅游高等教育是否有质的提升。伴随着世界经济一体化的深入,中国的旅游产业在世界上的影响力持续提升,以往粗放型发展模式已无法满足时代发展的需求,全球领域内旅游市场竞争日益激烈,并且不再单纯地关注旅游人才的数量,反而更加关注其质量。在此背景下,中国旅游高等教育的面貌焕然一新:其一,旅游高等院校逐步由粗放式发展转变为集约型发展;其二,学科定位更为精准,旅游专业的作用更加突出。1996 年年底,教育部公布的工商管理类专业大纲中新设"旅游组",这表明中国旅游高等教育实现规范化;其三,旅游高等教育的学历体系更为健全,2002 年,国务院审批通过河南大学设置旅游管理博士学位申请,自此中国旅游高等教育形成了由专科到博士的教育体系,我国的旅游高等教育更加专业化、合理化。

（四）第四阶段（2010 至今）

自 2010 年以来,中国旅游高等教育步入高质量、不均衡发展阶段。2009 年 12 月份,国务院出台的文件中明确表示,充分发挥旅游产业在国民经济中的战略性支柱作用,打造令群众认可的现代化服务产业体系。次年 9 月份,包括北京大学在内的多所高校取得首批旅游管理专业硕士授予权。这对旅游人才培养提出了新的更高要求:既要重视旅游专业理论知识的传道授业,更应关注学生的职业道德教育与职业素养建设;既应加大旅游服务及管理人才的培育力度,又需打造高精尖旅游研发创新人才。《国家中长期教育改革和发展规划纲要（2010—2020 年）》表示,完善人才培育体系,满足现代化建设与经济发展的需求,进一步深化教育体制机制变革,推动教育内涵与质量提升。根据调查,旅游高等教育院校虽遍布全国,但东、中部地区依旧占到绝大多数。近年来伴随着中国旅游教育的迅猛发展,全国各个省份均设置旅游院校,旅游理论知识成为许多大学的必修课,旅游高等教育取得长远的进步。2020 年我国开设旅游管理类的高校数量显著上升,其中,山东省、河南省和广东省开设此类专业的高校数量超过 20 所,西部地区旅游院校数量逐年增多,西藏地区借助得天独厚的自然地理条件,创办专业化的旅游高等院校,在旅游教育上实现零的突破。随着是西部大开发政策的实施,西部地区的公共基础设施日益健全。青藏铁路的通车,为沿线旅游产业的发展注入新鲜血液,旅游业成长为西部经济的重要源泉,同样旅游教育也实现质的飞跃。

3.1.2 中国旅游高等教育发展成就

中国的旅游高等教育发展已有 40 多年的历史,完成了从量的发展到质的突破的重大转变,且进入了规范化发展的新阶段。在前进的道路上,中国旅游高等教育也取得十分突出的成就。

(一)发展迅速,已颇具规模

相较于发达国家,中国旅游高等教育是近几年伴随着改革开放的深入而出现的,教育体系机制建设尚不完善。但是在短短的数十年里,中国旅游高等教育却呈现出迅速发展的态势。经过数代人的不懈奋斗,我国的旅游高等教育在质与量上均有所提升,发展态势优良,各个地区结合自身的特色发展起与旅游相配套的产业。通常而言,地区内旅游高等教育发展水平与旅游业呈现正相关关系,即旅游产业越发达,旅游高等教育水平越高,从而更好地保障该地区旅游产业对人才的需求。

从学校数量来看,2020 年全国各类开设旅游专业的院校合计 2 641 所,其中高等院校 1 694 所,占比 64.14%,中等职业学校 947 所,35.86%。从地区来看,四川省、广东省和云南省的旅游院校数量最多,分别为 215 所、171 所和 165 所,占比为 8.14%、6.47% 和 6.25%。数量最少的为青海省、西藏自治区和宁夏回族自治区,分别为 13 所、11 所和 10 所,占比为 0.49%、0.42% 和 0.38%。

从招生规模上来看,2020 年全国各类旅游专业招生合计 273 909 人,其中高等院校招生 172 395 人,占比 62.94%;中等职业院校招生 101 514 人,占比 37.06%。从地区来看,四川省旅游专业招生规模最大,达到 24 703 人,占比 9.02%;其次为广东省,招生总数 20 480 人,占比 7.48%。西藏自治区、青海省和宁夏回族自治区的招生规模较小,分别仅占全国的 0.31%、0.39% 和 0.40%。具体情况见表 3-1。

表 3-1 2020 年中国旅游院校及招生情况

地区	高等院校招生数量	中等职业学校招生数量	总数
北京市	2 891	622	3 513
天津市	2 813	510	3 323
河北省	5 539	1 765	7 304
山西省	4 259	1 145	5 404
内蒙古自治区	3 263	1 507	4 770
辽宁省	5 996	1 841	7 837
吉林省	2 633	524	3 157

地区	高等院校招生数量	中等职业学校招生数量	总数
黑龙江省	3 638	591	4 229
上海市	3 468	2 410	5 878
江苏省	10 083	4 367	14 450
浙江省	8 855	5 882	14 737
安徽省	8 965	6 076	15 041
福建省	4 981	1 985	6 966
江西省	4 921	632	5 553
山东省	11 106	4 749	15 855
河南省	13 465	1 903	15 368
湖北省	5 837	3 039	8 876
湖南省	7 723	2 502	10 225
广东省	13 003	7 477	20 480
广西壮族自治区	7 160	5 026	12 186
海南省	5 150	9 468	14 618
四川省	10 569	14 134	24 703
重庆市	5 426	9 572	14 998
贵州省	5 889	2 132	8 021
云南省	4 225	8 228	12 453
西藏自治区	322	524	846
陕西省	3 046	887	3 933
甘肃省	2 764	1 180	3 944
青海省	682	410	1 092
宁夏回族自治区	656	398	1 054
新疆维吾尔自治区	3 067	28	3 095

（二）建立了比较完善的旅游人才培养体系

纵向层面，中国旅游高等教育现已搭建起由大专至博士的多层次人才教育体系。20世纪 80 年代，中国旅游高等教育中专科与本科占据主体地位，90 年代高校逐渐开设硕士教育。横向层面，我国旅游高等教育突破了学历教育的限制，非学历教育亦取得长远的进步。职业技术培训、终身教育是非学历教育的代表，现阶段，高校不仅致力于旅游专业全日制教育的发展，而且抓住旅游产业蓬勃兴起的契机，创设旅游企业运营者培训班、从业培训班等一系列短期培训教育。通过专门面向于旅游业工作人员传授专业知识，不断提升从业者的综合素养与知识水平。这种旅游高等教育中的非学历教育推动了旅游高等教育的发展,拓宽了发展边界(田里等,2007)。

(三)为旅游行业培养了大批高级人才

旅游产业的迅猛发展对旅游人才的要求越来越高,单纯的依赖于旅游培训无法为旅游业提供高质量、高规模的人才,在此情形下,旅游高等教育出现,并在短时间内演变为旅游高等人才培育的首要渠道,而这部分人才大多成为旅游业的中坚力量。相关数据表明,2020 年中国旅游领域就业人数总计 2 784 459 人,其中星级酒店就业人数 1 124 641 人,占比 40.39%;旅行社就业人数 358 873 人,占比 12.89%;A 级景区从业人数 1 300 945 人,占比 46.72%。

在星级酒店领域,广东省该领域从业人员 104 181 人,占全国比重 9.26%。此外,北京市和浙江省各有 87 636 和 87 567 人,占比 7.79% 和 7.78%。星级酒店领域从业人员较少的是青海省、宁夏回族自治区和西藏自治区,仅有 7 496、6 694 和 4 564 人。

在旅行社领域,广东省该领域从业人员 40 066 人,占全国比重 11.16%。此外,上海市和北京市各有 34 096 和 30 333 人,占比 9.50% 和 8.45%。旅行社领域从业人员较少的是青新疆维吾尔自治区、宁夏回族自治区和西藏自治区,仅有 2 112、1 766 和 649 人。

在 A 级景区领域,山东省该领域从业人员 162 314 人,占全国比重 12.48%。此外,重庆市和广东省各有 86 840 和 83 174 人,占比 6.68% 和 6.39%。A 级景区领域从业人员较少的是青海省、宁夏回族自治区和西藏自治区,仅有 10 011、5 964 和 381 人。

(四)小结

现阶段,旅游产业的人才需求岗位愈发多样化,需求规模大幅度提升,加之最近几年以来旅游教育的迅猛崛起助推旅游高校在旅游人才培育的数量与质量上均实现显著的提升。现下中国已搭建起较为完善的旅游教育体系,具体包括中职教育、高职教育、本科教育、硕士研究生教育与博士研究生教育等层次,并且以上层次的招生数量依次递减,形成一个金字塔结构,具体表现如下:由中国当下的旅游院校的招生情况可发现,能够培育旅游专业博士的高校有 10 家,培育硕士的高校有 35 家。不可否认,我国高素质旅游人才的培养模式和培养资源都得到了很大的提高,但旅游高等教育的创办时间较晚,并且底子薄弱,滞后的培育模式无法为蓬勃发展的旅游业提供专业化人才,而这也应当引起各界的高度重视。

当前中国的高校相继创设旅游教育类专业,并且部分地区在当地政府的支持下创办独立的旅游院校,这导致从事旅游行业的在校学生规模(即未来从事旅游行业或者说旅游行业的储备人才)也在大幅增加。从 2004 年高校旅游专业开始兴起,到 2019 年底的初具规模,我国的旅游高等教育规模也在不断壮大,发展速度也在不断提高,现如今开设相关旅游专业的高等院校已经实现了 1 113 所到 2 751 所的增长,增长了近 1.5 倍。此种显著的变化同中国近年来的教育政策变化有着紧密的联系如大学扩招、旅游专业的高校特招。

目前,世界范围内的旅游行业发展而引发的高素质、高水平旅游专业人才"争夺战"、旅游专业高校生就业率低等均表明中国旅游人才并不适应旅游市场的现实性需求,在人才供需层面存在匹配偏差的问题。由于课程设置缺乏市场针对性、专业培训缺乏国际化,部分旅游从业者的素质无法与日益发展的旅游市场的需求相匹配,制约旅游行业的可持续发展。培育专业性旅游人才是助推旅游产业结构升级与转型的助推器,是现阶段高等院校旅游专业教育国际化的核心之所在。旅游产业与旅游人才培育之间有着紧密的联系,二者相互促进、相互协调,前者的发展需要有后者为支撑,而后者则是前者可持续发展的要求。深入探究中国旅游高等教育的现状与发展态势,研究高素质旅游人才培育阶段面临的问题及影响因素,并提出具有针对性的解决策略是极为必要的。

3.2 中国旅游高等教育国际化区域发展对比

3.2.1 中国内地旅游高等教育国际化发展分析

总体上,中华人民共和国成立以来,我国教育对外开放实现了由被动到主动、由局部到全面、由规模到质量的深刻转变。东部沿海地区发挥开放高地的制度集成创新效应,在旅游高等教育国际化发展方面走在前列,现成较为显著的先行优势。中西部、西南地区把握国家促进教育平衡发展、区域教育协作和"一带一路"全球教育伙伴集聚区、国内国际教育循环示范区建设的历史机遇也在快速发展,部分城市形成了一定区位优势。具体说,城市国际化是推动地区经济又好又快发展的助推器,是旅游业崛起的重要保障,更是教育国际化实现的坚实根基。在城市旅游国际化前进的道路上,教育国际化发挥不可替代的作用,尤其是"十一五"期间,中国步入改革开放的深水期,产业结构持续优化和升级,城市化水平大幅度提高,国际城市在布局上实现区位的转移,此时长江三角洲承接了大量的国际生产要素。在该背景下,我国大力打造长三角城市群,为江苏构建区域性国际化大都市创造了条件。

随着区域经济国际化水平的提升,各地对旅游高等教育国际化人才的要求也水涨船高,培育与社会经济发展相适应的创新型人才已成为发展城市旅游产业的当务之急。当前,培育极具宏观战略思维与谙悉世界经贸准则的高素质、高精尖型旅游人才显得格外重要。针对于此,区域内高等旅游教育加大对外开放力度,基于国际合作的国际化人才联合培养、科研合作、学术交流、国际旅游产业组织及高校联盟等得到大力拓展,在一定程度上实现了学校建设和学科发展的快速提升,发挥了国际化主推高质量发展的引领示范作用。中心城市除了完善人才引进政策,吸引大批高端国际化旅游人才致力于城市的旅游建设,更应学习海外先进的旅游经验,加大与海外高校合资办学的力度,创建极具竞争实力的国际化旅游学校。除此之外,我国还应与国际相接轨,建立健全旅游职业资格确认机制,完善国内外旅游资格互认制度,从而为旅游人才营造良好的从业环境。区域旅游高等教育国际化的发展是一个循序渐进的过程,应注重点与点的结合,有序推进。重点项目建设在大学有计划地辐射发展,特别是在关键问题和重要节点上,如当前高校推进的国际学生项目、交换生项目、对外学术交流活动。现阶段,高校相继改进教育模式,将培育具备全球化视野、创新能力强的精尖端旅游人才当作己任。各个高校都充分挖掘内部教育教学资源,抓住旅游发展的优势,积极推动国内外高校间开展学术交流与合作研究,实施国际化发展战略,强化国际化人才培养等。与此同时,推进区域旅游高等教育国际化单纯依赖高校力量是远远不够的,当地政府应当科学部署,从政策层面对旅游教育予以优惠和支持,唯有如此才能由点及面,实现遍地开花。

现如今,中国内地高校在实现了规模扩张、内涵发展和多轮学科评价后,走开放办学之路,围绕国际化战略组织实施,从教师、学生、专业课程、涉外办学、学术交流、人文交流与特色发展等,方面积极与国际接轨,旅游学科国际化建设有了一定的基础,来华留学生人数逐年增加。国际合作与交流已成为高校改道、赶超和追赶,实现高质量发展的有效途径。目前,具有海外经验的旅游专业高校教师越来越多,但旅游学术领域的国际权威人士相对较少。习近平总书记提出的"中国开放的大门只会越开越大",中国高等教育的国际化发展基本遵循了这一思路。因此,中国高校要有坚强的定力,即有文化自信、学术自信、政策自信,扎根中国大地办教育,争创中国特色、世界一流,欢迎外国留学生来华学习,促进中外院校间师生交流、学术和科研合作,助推旅游教育国际化迈上新的发展台阶。

3.2.2 中国港澳台地区旅游高等教育国际化发展分析

以香港地区为例,对中国港澳台地区旅游高等教育国际化发展情况进行分析。香港独具特色的地理位置与得天独厚的历史人文环境为该地区国际化办学创造了条件。长期以来,香港高等教育一直在全球居于前列,其国际化水平与地区发展紧密结合,极具发展特色,香港高校国际化办学的经验是值得我们借鉴的。香港理工大学的酒店及旅游业管理学院(SHTM)世界知名,2017—2020 年的 ARWU 世界大学学科排名 —— Hospitality & Tourism Management(酒店及旅游管理)排名中连续位列世界前茅。香港中文大学酒店/旅游管理硕士课程虽专业排名比不上香港理工大学,但其开设的两个专业非常特别,可持续旅游专业结合了环境资源、环保等方面的知识,而房地产和酒店资产管理专业则结合了金融学、房地产、商业管理等方面的知识。

（一）鲜明的国际化教育理念

思维是实践的先导,思维的先进性一定程度上决定着事物发展的方向,而我国的教育要想迈向国际化,就必须从全球视野看待教育变革的问题。多年来,香港特区政府出台多项教育国际化的政策措施,大力支持当地高校走向世界,积极与海内外名校交流合作,从而为高等教育国际化打下坚实的思想根基。

（二）完善的国际化课程体系

在先进的教育国际化理念的支持下,香港各大高校以培育国际化高精尖人才为教学目标,学习海外高校课程体系的可取之处,并结合自身特色,科学设置课程内容。在实践中,学校采用发达国家的原版教材,并在专业设置、教学内容上同欧美国家一致,以此加快香港旅游教育融入国际,实现新的突破。除此之外,香港高校极为关注语言课程,通常采用双语教学的模式,课堂中直接使用英语原版教材,在提高学生英语阅读理解能力的同时,通过更为全面、更具针对性的旅游专业课程设置,培育全球型旅游人才,以此达到旅游国际化的目的。

（三）高质量的国际化教师团队与国际化的学生来源

（1）师资结构国际化。师者,所以传道受业解惑也。知识理念的传播离不开教师的努力,而旅游高等教育国际化的前提就是要打造高素质、国际化的教师团队,唯有如此才可打造国际化教学理念,助推高校教育朝着国际化方向前进。香港高校在进行教师招聘时,更加看重教师的思想认知、综合素养、教育背景,而非人种、信仰等,招聘更为客观公正,从而有利于旅游高等教育国际化发展。

（2）学生来源国际化。学生来源国际化为旅游高等教育国际化的重要特征。为加快校园旅游专业国际化的步伐,香港高度重视全球优秀人才的引进工作,出台多项吸引海外人才前来香港读书学习的政策方案,各大高校也十分配合,在多地设立海外学生交流处,在全球范围内招揽高素质学生,并积极与一流院校开展调研合作、高校间学生交流等活动。

近年来,我国港澳地区高校与内地高校也在旅游高等教育领域开展了较为密切的交流合作。例如,香港理工大学和浙江大学经教育部批准合作举办酒店及旅游业管理硕士学位项目(Master of Science in Hotel and Tourism Management),联合教学并由香港理工大学颁发硕士学位,获国际及国内承认;2022年10月,澳门大学联合复旦大学、南开大学和中山大学在澳门举办首届"旅游研究前沿"年度论坛,并共同发起成立"中国旅游教育合作联盟",旨在汇集中国重点高校及机构在旅游管理领域的教学科研优势,共同推动高素质旅游专业人才培养,着力提升旅游管理专业的区域合作层次和水平。

3.3　中国旅游高等教育国际化发展的主要成就

3.3.1　国际化教育理念初步形成

随着中国旅游市场的对外开放，一批国际连锁酒店集团及旅游企业进入中国市场，加速了中国旅游本土市场的开发，同时随着中国经济的持续快速发展，越来越多富裕起来的民众热衷于到境外旅游，旅游业国际业务大幅增长，双向驱动下中国旅游产业与就业市场呈现外向化、全球化的特征，并对国际化旅游人才的综合素养提出更高的要求。中国旅游高等教育从业者也逐渐意识到国际化是提升旅游高等教育国际竞争力的有效手段。例如，华侨大学提出"面向海内外、面向企事业、校企结合、广泛交流"的旅游教育教学模式；吉林大学旅游学院把"高标准、国际化、学以致用"设定成独特的办学方针；上海海事大学在旅游人才的培育上以全球化为愿景，坚定不移地走国际化道路；湘潭大学面对兴起的旅游行业，新设国际旅游专业，以此为国际旅游和酒店管理提供专业化人才，并且绝大多数的学生在走向社会后在旅行社、五星级酒店中担任要职，有的更是成为管理者；青岛大学结合青岛海洋旅游业发达的优势，创设国际旅行管理学院，培育具有全球化视野、文化背景多样化、谙悉旅游市场规则、旅游知识丰富、专业实力雄厚、外语水平高、创新本领强、能够胜任国际文化交流的经营管理人才。此外，我国旅游高等院校相继实施国际化发展战略，积极与海外名校开展学术交流、合作研究、学生联合培养等活动。

大数据时代，网络数字痕迹成为掌握公众议题政策偏好的新手段。百度指数基于百度网页搜索与新闻搜索提供免费的数据信息服务，以此展现各种关键词在最近一段的"用户关注度"与"媒体关注度"。文章采用百度搜索指数，搜索了 2020 年 1 月 1 日至 2020 年 12 月 31 日期间，对"旅游管理＋留学生""酒店管理＋留学生""会展经济与管理＋留学生"三个组合关键词进行了检索，以期挖掘公众对旅游教育国际化发展的最有价值的信息。结果表明，我国公众对旅游管理类专业留学生的网络关注度存在明显的空间差异。对于"旅游管理＋留学生"组合关键词，我国东部和中部地区对该关键词的关注度较西部地区更高，广东省、山东省和河南省的网络关注度最高，其次为四川省、江苏省和浙江省；对于"酒店管理＋留学生"组合关键词，我国东南半壁对该关键词的关注度明显高于我国西部地区，广东省对该关键词的关注度最高，山东省、江苏省和河南省次之，且搜索指数相近；对于"会展经济与管理＋留学生"组合关键词，其搜索指数约为前两个组合关键词的一半，但表现出的空间差异相似，即中国东部和中部高于中国西部地区，广东省、浙江省和山东省是网络关注度较高的三个省份，其次为北京市、四川省和江苏省。

3.3.2 师生国际交流更趋紧密

伴随着旅游高等教育国际化理念的持续性深入，越来越多的旅游学者与教师走向海外，交流先进的教育理念与方法。此外，美国、法国、加拿大等国学者也来华交流，与旅游高校进行合作，壮大师资团队，而且合作日趋紧密。与此同时，旅游高等教育的发展与旅游高校国际化水平的提升为旅游专业学生提供了更多外出交流学习的机会。据教育部数据，2019 年度我国出国留学人员总数为 70.35 万人，较 2018 年增加 4.14 万人，增长率为 6.25%；各类留学回国人员总数为 58.03 万人，较 2018 年增加 6.09 万人，增长

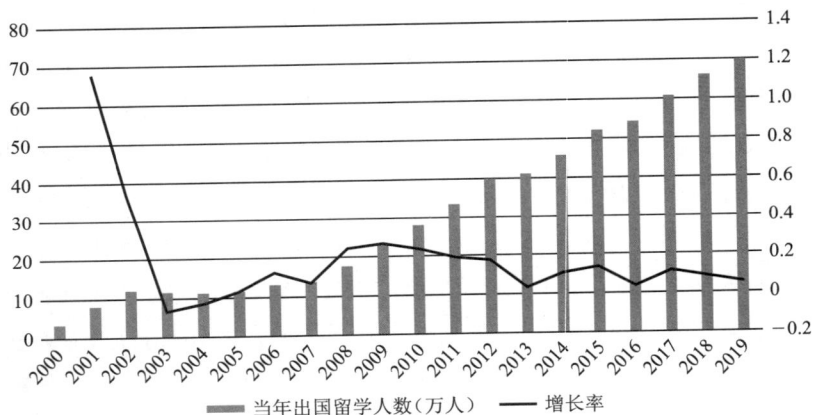

（信息来源：中华人民共和国教育部）

图 3-1　2000—2019 年中国当年出国留学生人数及增长率

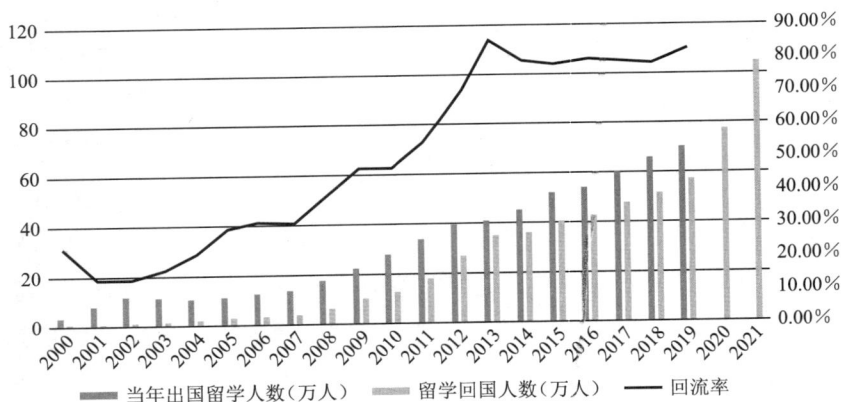

（信息来源：教育部，国家信息中心大数据发展部）

图 3-2　2000—2021 年中国出国留学与留学回国人数对比

率为 11.73%。1978 至 2019 年,各类出国留学人员累计达 656.06 万人,其中 165.62 万人正在国外进行相关阶段的学习或研究;490.44 万人已完成学业,423.17 万人在完成学业后选择回国发展,占已完成学业群体的 86.28%。

3.3.3　教育国际化渐显多维度多层次

（一）学生教育国际化研究

一方面,大批旅游管理专业的学生为了开阔视野,利用公费或自费的方式出国深造学习,通过亲身实践体验发达国家的旅游教育环境,享受更优质的教育资源,在实践中认识到新鲜事物,掌握新本领;另一方面,我国旅游业的迅猛发展与旅游高等教育的快速提升也吸引越来越多的外国学生前来中国留学。

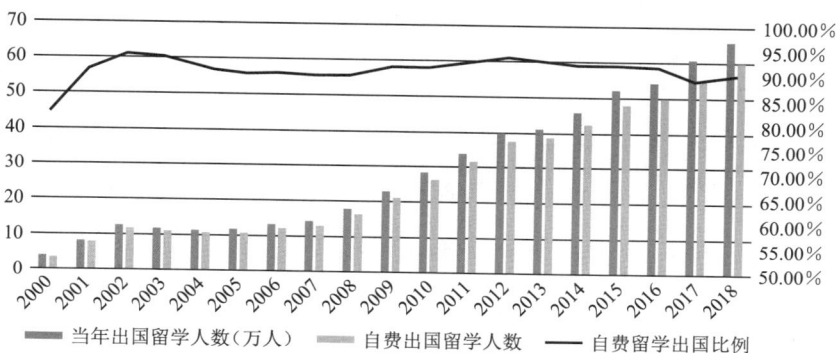

（信息来源:中华人民共和国教育部）

图 3-3　2000—2018 年中国自费出国留学人数和比例

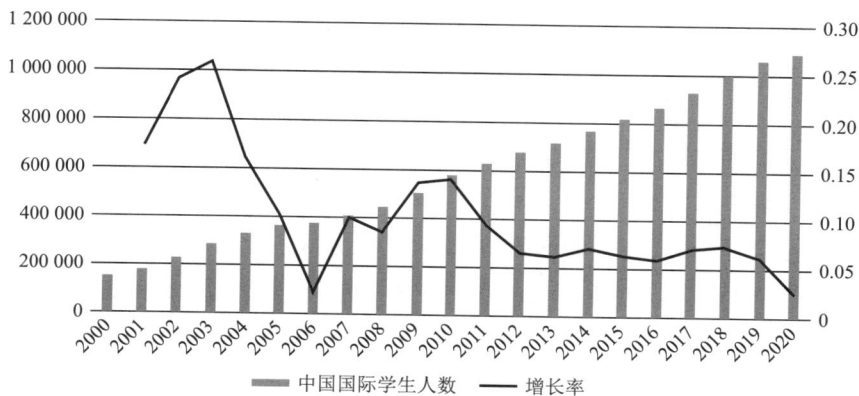

（信息来源:中华人民共和国教育部）

图 3-4　2000—2020 年中国国际学生人数及增长率

（二）师资发展国际化研究

高素质的师资团队是专业教学的保障。要想培育国际化旅游人才,就必须转变教师思想理念,开阔教师的视野,为其提供与世界一流高校交流学习的机会,以此构建理论素养高、知识体系健全的国际化师资队伍。国内高校应当加大旅游教育的资金投入力度,完善旅游高等教育配套设施,并积极与海外高校、科研机构展开合作,引入教学经验丰富、综合水平高的国际化人才,为教师团队注入新鲜血液,从而构建高质量的旅游师资队伍。与此同时,还应鼓励高校教师提高学历,考取高等级旅游认证资格证书,并为优秀教师争取海外学术调研、知识技能培训的机会,让教师切身体验海外旅游环境。在此期间,应保障教师的基本生活,例如经济补偿,为他们外出学习、攻读高学位提供坚实的保障,消除其后顾之忧。建设途径如表 3-2 所示。

表 3-2　国际化师资队伍建设主要途径

建设途径	建设内容
全球招聘教师	◇ 招聘海外优秀人才。特别是在国外学习或从事过教学工作经历的教师,有多语双语技能教师的数量。重点招聘学术带头人、青年英才教师以及海外博士后等 ◇ 聘用长短期外籍教师。除聘请长期外籍教师纳入编制管理外,可不求所有、但求所用,如聘请在学术休假期的外籍教师授课;聘请已退休但身体健康的高水平外教授课;聘请外教和志愿者短期集中授课等
教师出国进修、学习	◇ 鼓励青年骨干教师到海外攻读博士或博士后工作等 ◇ 鼓励在职教师申请与旅游行业相关的高级别国际认证资格证书 ◇ 为教师提供各类长短期的海外研修、培训 ◇ 教师互派联合授课、合作研究 ◇ 国际师资队伍培训 ◇ 国际课程建设专项 ◇ 管理人员全球视野和最新教育理念海外短训等
教师学术交流与合作	◇ 参与国际学术会议 ◇ 合作院校间互访交流 ◇ 开设海外讲堂或学术报告会 ◇ 共同申报研究基金 ◇ 与海外合作者在国际学术期刊上发表论文、合著编译 ◇ 与国外学者或学术机构开展联合研究 ◇ 参与国际学术组织框架下交流或研究计划等

（三）教学课程国际化研究

调查发现,为了加快旅游高等教育国际化的进程,部分院校结合自身实际,引进国外课程,并采用双语教学的模式,让学生对旅游知识有新的认知,同时,一些学校创设国际旅游与酒店管理的专业课程,并设置国际旅游市场营销、国际接待业管理等具有国际化内容的课程,并在现有课程的基础上新增涉及旅游国际化的学科内容,在课堂上使用国外原版教材授课,或是通过最新教育技术展示国外同类教材的内容,这在丰富学生语言环境的同时,帮助学生实时掌握最新国际旅游动态,充分利用全球旅游高等教育资源,培养旅游事务处理能力,从而为学生更好地融入旅游市场创造条件。

例如,在国际化专业方向层面,云南大学中法旅游学院、天津大学旅游管理系均设置国际旅游管理方向的课程。在国际化专业课程层面,青岛大学增设国际酒店业概论;暨南大学创新性设立国际酒店管理、国际酒店质量管理等极具国际化特征的课程;海南大学借助其得天独厚的地理优势,在旅游教学实践中设置现代化东南亚课程,同时将部分国际化元素渗透于传统理论教学当中,例如将国际旅游组织、国际旅游准则加入旅游学基本理论当中,并且将跨国企业实践中的先进技巧融入至战略管理课程当中。在双语教学层面,上海外国语大学旅游管理学院当中的经济学、旅游管理学等均创新性运用双语教学模式。

课程国际化是实现旅游高等教育国际化的重要载体,世界经济合作与发展组织总结出九类国际化课程(刘文彬,2015)。具体如下:

(1)具备国际化特征的课程,如国际关系;

(2)对比分析传统知识与国际的课程,如国际比较教育;

(3)培育学生国际职业素养的课程,如国际营销;

(4)外语教学当中关于跨文化交流与外事技能的课程;

(5)海外区域性分析课程;

(6)专门针对学生获取国际化专业资格的课程;

(7)海外高学历授予或双学位课程;

(8)海外专家学者授课的教程;

(9)以海外学生为服务对象的课程。

当前旅游管理课程培育的学生无法满足旅游产业发展的现实性需求,这是导致毕业生就业质量不高的重要原因。为更好地适应国际化旅游发展的趋势,高校需结合世界经济合作与发展组织总结提出的国际化教程,对教材结构进行整合优化。与此同时,高校还应加大对课程教育国际化的经费支出,将国际通用知识、海外文化概述等引入到课堂教学当中,并从内容与体系两方面整改当下课程,删繁就简、破旧立新,与课程国际化教育相接轨,从国际化层面提高专业教学水平。此外,可以采用双语教学的模式,应用最新的国际原版教材,学习借鉴海外教育经验,专门就旅游行业创设选修课,以此推动旅游管理课程国际化。建设途径如表3-3所示。

表3-3 教学课程国际化建设途径

建设途径	建设内容
在现有课程中融入国际内容	◇ 将旅游全球化、教育国际化、跨文化理解、全球领导力等内容融入现有课程中,关注国际上普遍关注的热点问题、重点问题以及相关领域的学术前沿研究,把学科最新发展成果纳入课程教学,不断更新丰富现有课程 ◇ 设置涉及多元文化、跨文化范畴的学习研讨项目,如在课程中分组讨论热点国际议题

建设途径	建设内容
增加国际/多元文化课程	✧ 提供涉及全球或多个国家内容的课程 ✧ 提供国际酒店和旅游课程的课程 ✧ 提供多门外语课程,推进全英语授课课程和双语课程。选用外文原文、原著、案例等用于课堂教学,课外教师参与国际组织相关学术交流,学生进行课程内容学习或参与实地访学、实训等
与国外大学、行业组织联合开发课程	✧ 加强与国外高水平院校合作,进行比较研究和资源互补,联合开发课程,或者与行业组织合作,就专题进行研究开发,增进学生对于世界各区域的旅游、历史、地理、文化、政治等方面的了解
利用海内外在线教育资源	✧ 利用海内外在线教育资源,增设国际课程供学生选择,开设系列海外名师讲堂、行业领袖讲座等

(四)教育合作国际化研究

与海外高校建立合作关系,利用优秀生互换、学术交流、项目调研、联合办学等手段加强与海外的联系,搭建起由专科到博士等多种层次的合作办学模式(谢彦君,2003)。首先,创新国际化人才培育与高端项目学术交流渠道,加入全球高校联盟当中,积极推进多边合作;其次,可与知名企业进行合作,为企业提供实习学生,从而打造产学研为一体的教育实践模式。最后,积极履行社会职责,在能力范围内策划国际文化与学术交流项目,助推中国旅游产业更好地融入于国际社会。

3.3.4 中外合作办学深入推进

近年以来,世界经济一体化加深演化,学术界对旅游教育有了更为深刻的认识,旅游高校紧随时代潮流,积极与世界一流旅游院校及机构开展交流合作,在留学生互换、旅游项目研发、教师互访等领域取得非常大的突破,特别是中外合作办学的表现最为突出,受到各界的高度关注。当下,我国一些旅游高校同海外旅游教育高校或机构搭建起合作伙伴关系,展开了多元化、多层次的务实协作。

教育部涉外监管网公布的在旅游领域中外合作办学机构 13 个、中外合作办学项目 65 个。其中,博士层次项目有 1 个,为浙江大学与香港理工大学合作举办酒店及旅游管理博士学位教育项目;硕士层次有 4 个,分别为浙江大学与香港理工大学合作举办酒店及旅游业管理硕士项目、宁波大学与法国昂热大学合作举办旅游管理专业硕士项目、华中师范大学与美国科罗拉多州立大学合作举办区域旅游与环境硕士和自然旅游与生态保护专业硕士项目;本科层次有 11 个,专科层次有 49 个。这些合作办学机构和项目分部在 22 个省份和地区。其中浙江拥有唯一的博士层次合作办学项目。江苏拥有 14 个合作办学项目,为各省份和地区合作办学项目数量之最。合作的境外院校分布于欧洲、北美、大洋洲和亚洲。其中位于澳大利亚的合作机构最多,有 18 个之多。具体详见附录中教育部涉外监管网公布的旅游领域中外合作办学机构与项目(含内地与港台地区合作办学机构与项目)名单。

3.4 中国旅游高等教育国际化的问题分析

3.4.1 中国旅游高等教育国际化建设体系不健全

近年来,中国在旅游高等教育国际化道路上取得巨大的成就,尤其是在政府、社会团体以及旅游从业者的共同努力下,我国的旅游高等教育逐渐与国际接轨,一批高校牢牢把握旅游高等教育国际化的发展机遇,创新教学模式,提升办学质量。但是国际化要求我们在衡量中国旅游高等教育时,必须将其置于全球环境中,从该层面看,我国旅游高等教育国际化水平依旧滞后于发达国家,仍有较大的发展空间。必须深入探索中国旅游高等教育国际化建设实践中面临的问题和挑战,并以此为基础研究应对策略,以此推动中国旅游高等教育国际化高质量发展。

(一)国际化办学理念不强

高等教育国际化不仅与全球教育环境与国内办学环境的变化紧密相关,而且受到学校内部环境的影响;既有新时代新环境新要求带来的变化,教育发展推动自上而下的变化,又有学校顺应新趋势改革形成的自下而上的变化。与此同时,在旅游产业、专业院校的影响下,许多学校对待旅游教育的态度也发生显著的变化。

由学校内部治理层面看,即使部分旅游高校已结合自身实际搭建起国际化发展的战略规划,将旅游教育国际化作为办学路径和创新举措,然而绝大部分学校简单地将该目标、规划和政策生硬地填入教学、科研、社会服务等中心任务,缺少全球视野、国际胜任力等先进教育理念在学校办学生态中的深度融合,缺乏国际交流合作能力建设和支撑保障,这种国际化发展模式在诸多层面生搬硬套,没有形成点面结合,难以构建起完整的国际创新人才培养体系,难以把全球视野、学术前沿、行业最新动态以及国际胜任力、中外文化交流等体现在专业目标调整、课程设置、教学内容和培养过程中,加上师资队伍国际化水平不高,难以让学生树立国际化发展与全球领域内就业的观念。

从高等教育整体环境而言,我国旅游高等教育的管理体制也在逐步与国际接轨中,中国特色、世界水平仍需要一段较长的建设时期。许多发达国家的知名旅游高等院校实行自治、自主的管理体制,且院校多为行业企业院校或私立院校。而我国受限于政治体制、历史人文以及较为传统的管理思路,高等旅游院校在办学途径和办学形式方面仍较为保守。当前,中国自上而下均未树立牢固的旅游高等教育国际化理念,并未将国际化理念落实到位,在国际化实践中摇摆不定,这将很大制约中国旅游高等教育有序发展。

（二）中外合作办学质量不够高

中外合作办学为现阶段实现旅游高等教育国际化最主要、最有效的手段之一,然而中国的旅游高校在同海外高校开展合作办学时,引进先进教育理念和优质教学资源不够,专业建设仍固守原有的教学理念和管理模式,国际化师资团队的建设、中外优势结合、互补优化的人才培养方案、课程体系等落实不到位,从而导致国际化旅游人才培育保障不足。部分高校对于国际办学的方法及目标界定尚不清晰,甚至忽视学校的办学目的及管理能力,且未能仔细查验学校及机构的资质,导致办学效果无法达到预期效果;还有一些空有合作办学而实际并无教育合作的形式主义院校,因为追逐自身的小利而对国家旅游高等教育的发展造成严重损害。

研究表明,国内一些高等院校虽然将国外原版教材、先进的教学方案引入学校,甚至聘请外籍教师进行授课,但由于管理经验不足,且存在语言及文化的障碍,因此中外合作办学中的外方课程部分缺少有力监管,缺乏中方团队教师与外方团队教师的密切配合和有机衔接,致使外籍教师作用发挥不够充分。部分外方教师根据国外合作院校安排采用"飞行教授"模式到国内短期教学,更有甚者个别外方教师同时兼顾几个合作方在多所旅游高等院校进行巡回授课,因此在实际教学中,学校为了达到用较少的人力投入换取较大的利润的目的,大多采取短期集中授课这一方式,导致学生无法深入理解课程内涵,进而使得中外合作办学的教育质量无法达到预期效果。

（三）尚未构建国际化评价指标体系

随着旅游高等教育国际化的日益深入,高校旅游专业建设发展程度的评估标准也日趋改变。为此,应当搭建起科学、完善的旅游高等教育国际化评价机制。发挥评价指标体系的导向作用,引导各高校明确发展目标,精准定位自身,有效规避盲目跟风情况的出现,此时,高等院校可以学习借鉴海外先进的方法经验,对内部教学战略做出变革,指引旅游高等教育国际化工作朝着正确的方向前进,以此推动旅游高等教育国际化的发展。

当前,中国旅游高等教育国际化依旧处于起步时期,不管是理论层面抑或是实践当中,旅游高校均有着不同的认识。不少高校设立国际旅游学院,并招收海外学生,同时加强与国外高校的合作,选派优秀人才前往国外学习,以为就此走上国际化发展道路;而一些学校则利用中外合作办学的方式取得了初步的成效,进而认定自身已实现国际化发展目标。就本质而言,以上行为均是国际化发展建设中的误区,导致该情况的原因是尚未搭建起符合新时代国际化发展要求的评价指标体系。

（四）问题小结

（1）我国旅游高等教育的培育模式缺乏特色,很难适应市场发展的需要。迅猛发展的旅游产业对我国旅游人才的多样性提出更高的要求,具体涉及旅游服务人才、管理人才与学术研究人才等,各类人才精通的专业不尽相同,这就要求高校在人才培育时,应精准定位学生毕业后的职业发展方向。然而,实践表明,旅游高校多注重复合型人才的培育,并未结合旅游产业的现实特征培育专业型人才,故而大部分的高校生适合从事管理岗位。与此同时,各高校在专业课程开设、人才培育模式选择、教学计划和培育目标等领域缺乏特色,也并不是所有的旅游院校都要完全按照教育部出台的《普通高等学校本科专业目录的专业介绍》培育旅游人才。与此同时,部分高校存在着"因人设课"的问题,这使得教学活动与现实需求不相适应,该模式下培育出的人才不管是能力层面,抑或是专业知识层面均难以满足目前旅游业发展的现实需求。假若高校在进行人才培育时不注重打造独特优势,那么也不能形成鲜明的品牌优势。此时旅游高校能若够汲取世界一流院校的先进经验,学习后者在旅游办学中的成功经验,同时根据社会主义现代化建设的实际情况,基于高校自身实际,取人之长,补己之短,方可打造特色鲜明、实力雄厚的高素质旅游人才培养基地。

(2)当前高等旅游教育的管理体制不健全,无法推动其发展与转型。目前旅游院校在高素质人才的培育上面临着管理过宽、过松的情况。高校并未给予学生过多的自主权,这导致学校缺乏特色,培育的人才千篇一律。与此同时,私立高等教育在财政资金及优惠政策上并未取得足够多的支持,各大高校间的竞争十分激烈,没有实现良性循环。受历史因素的影响,自古以来中国在旅游产业领域的对外开放水平较低,虽然新时代中国的旅游国际化取得巨大发展,但是依旧落后于社会前进的速度,导致中国的教育产业并未取得质的突破。传统的教育理念陈旧落后,不利于旅游教育的传授,并且计划经济时代严重制约旅游业的发展。在教育实践中,教师更为关注理论知识的教学,高校生扩招与大班教学更是使得旅游教育千篇一律,忽略学生的个性化发展;注重根据教育规划培育人才而忽略社会发展对旅游人才提出的多样化要求;注重单方面的知识传授而忽略师生的双向互动,难以拓展学生的思维,不利于其主观能动性的发挥。正是由于教育管理体制的缺陷,导致中国旅游院校在进行多元化旅游人才培育时面临重重困难。

3.4.2 中国旅游高等教育国际化发展深度不充足

(一)课程设置国际化程度不高

同世界多所旅游高等院校专业课程设置对比后可发现,我国高等教育中的旅游专业在多门课程的设置上已有了显著进步,如经济学、管理学、美学、心理学和旅游学,普及程度较高,已经同国际接轨。然而,在部分实践课程的设置上依旧滞后于国外发达国家知名旅游高校。例如,海外高校通常设置旅游地管理课程,但是中国却将其替代为景区管理课程,相对而言,景区管理隶属于旅游地管理,二者是整体与部分的关系;海外高校多设置户外游憩与环境解说教育,而我国的高校则是导游知识概论,后者仅为前者的子系统,前者更为复杂。

与此同时,在课程设置上,中国的旅游高校虽然积极推动旅游高等教育国际化,然而国际化程度依然不够,更多的是开设部分具备国际化元素的课程,并且数量不大,质量欠佳。根据抽样调查数据显示,168 所高校 4 200 门专业课中,全外语教学、双语教学以及汉语教学的比例分别为 1.2%、9.7%和 89.1%(图 3-5)。故此教学内容无法满足国际化旅游发展的需要,且双语课程作为一种新型教学模式,根据实际课堂反馈,学生难以适应,教学效果较差。

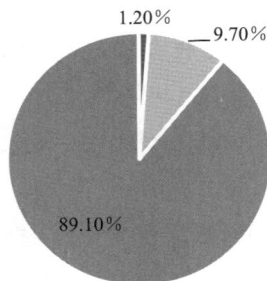

图 3-5　168 所高校旅游管理专业授课方式比较

(二)师资队伍国际化水平不够高

不可否认,当前中国旅游高校拥有大批专业水平高、研究成果丰硕的教授学者,并取得显著的成绩。然而我国旅游高校的师资力量依旧比较薄弱,教师的综合素质有待进一步提高,师资队伍较国际化标准还有一定距离,其中最为典型的表现是国际交流能力不够。我国高校旅游专业的教师多为硕士研究生学历,博士学历的教师比例不高,并且绝大多数从业经验不足,没有海外旅游教育经历,而这也是导致旅游专业国际化师资队伍建设任重道远的原因。

旅游专业教师中高学历层次人员占比较低、教学经验丰富人数比重较低、留学人数占比较低是当前影响旅游教育水平的根源所在,"三低"的存在致使专业教学的质量难以大幅度提高。根据抽样调查数据显示,168 所高校,2 520 位专任教师中,国外学位、国外访问学者、无国外经历三者的比重分别为 0.95%、15.89%和 83.16%(图 3-6)。从中能够发现,中国旅游高等教育在教师国际化的建设上远落后于发达国家的旅游专业教师,从而阻碍教师间更好地互动交流。

(三)教学方式方法不适应国际化发展需求

科学技术的进步促使信息与网络技术被广泛应用于高校旅游专业课堂当中,尤其是虚拟校园、元宇宙实验室、仿真教学实验室、在线智能学习等备受推崇。但相较而言,中国旅游高等教育依旧受到传统教学理念的影响,教学方法比较单一,更多的是教师单

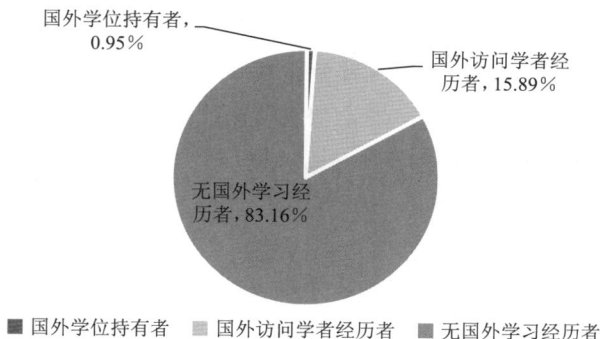

图 3-6　168 所高校旅游管理专业教师国外学习经历分析

方面地传授知识,不利于旅游教育教学实习实践等环节的有序实施,教学效果不佳,继而很难满足旅游高等教育国际化发展的现实需求。

与此同时,调查表明,中国部分旅游高校创新性引入双语教学模式,该方法是旅游高校为顺应旅游高等教育发展潮流做出的努力,并显现出较为优良的效果。然而中国的双语教学实践往往注重词汇、语法与阅读理解能力的培养,忽略对学生在国际实际工作场景中的综合应用。在旅游国际化交流愈发密切的当今社会,若在语言上沟通交流不畅,则难以学以致用,无法利用专业知识与国外学者交流合作,达不到实施双语教学的初衷。

(四)存在问题小结

(1)旅游院校和专业设置过于重视量的扩张,忽视质的提升。现阶段,我国在对旅游教育的规模及结构进行评定时,更多的是以旅游院校数量作为标准。当前教育模式下,我国高校多采用学分制教育收费制度,并且高校取得的财政经费有限,这就导致学校不得不招收更多的学生,以此实现发展壮大。与此同时,许多高校内旅游专业的学生是从文理、历史等专业中转入,而学校设置的旅游专业以其他专业为基础,这种情况下创设的旅游专业,势必会存在着学生专业素养不高、缺乏锻炼机会以及教师课程安排不科学的问题。尤其是旅游院校的扩招导致课程与学生越来越多,此时教育资源与教师队伍建设无法跟上课程及学生的增长速度,势必导致旅游专业的教学质量降低。当下很多旅游院校并未配备实习场地,专业化人才培育的实习实践条件不足、教学设备陈旧,虽然学生的理论素养较高,但是难以将其与实践有机结合。教学资源匮乏在导致教学质量降低的同时,更是阻碍学生创新水平与实践能力的提高。该教学模式所培育的学生无法满足现代化旅游产业发展的需要,最终制约中国旅游业的可持续发展。

(2)旅游高等教育院校和专业设置的发展缺乏专业的教师队伍和针对性教材。相较于欧美国家,中国高等教育旅游院校在人才培育层面依旧有较大的差距,尤其是师资力量薄弱,教师数量与质量都有待提升,旅游高校的师资力量与旅游产业发展速度不相匹配是当前阻碍中国旅游高等教育国际化的重要因素。由于中国旅游教育兴起的时间比较晚,绝大部分教师未接受过专业化教育,多由其他专业转行从事旅游教学,专业素养与教学水平均不是很高。与此同时,部分旅游专业的教师并未亲身到社会中历练实践便开启执教生涯,在指引学生把教学理论与实践高度融合层面缺乏经验。而且我国高校在选取旅游专业教材时,往往照抄照搬舶来知识,并未将教材与现实相结合,教材内容落后陈旧,达不到应有的教学效果。

3.4.3 中国旅游管理国际化人才培养机制尚不完善

伴随国内旅游业的迅速崛起,旅游教育系统日趋成熟规范,并获得许多显著的成绩,培养出很多优质的毕业生。但不可否认的是,因为发展时间较短,现在的人才培养机制中依然有一些弊端,难以适应当前社会的发展需要。其中最明显的就是近年旅游高等教育发展停滞,甚至出现倒退的趋势(曹曼娇,2009)。当前国内的旅游教育滞后于旅游业最新发展趋势,人才培养与行业需求仍存在一定差距,无法满足行业长期可持续发展的需求。

(一)政府层面存在的主要问题

对国内人才培养历史进行分析可见,国内的人才培养系统长期以政府供给占据主导地位。在该类型机制下,政府相关部门必须在人才培养过程中承担起首要职责。这种职责涵盖方方面面,不仅要保障发展方向、建立人才培养规划、建立健全相关法规与政策、提供所需资金、协调多方关系,还要实施监控、设立质量评估系统等。但是当前的旅游教育机制和本行业市场发展战略、目标等脱节,在院校数量及结构、教育规划、建立健全相关法规政策等方面都有不足,使得旅游教育质量无法保障,总体来说,主要有以下一些问题。

(1)整体结构布局尚不均衡。

① 旅游院校布局不尽合理,尚未实现由外延型增长向内涵型发展的转变。

整体来看,当前国内旅游院校的布局缺乏合理性,主要表现为数量和规模都较为可观,然而结构缺乏合理性。就学校数量来说,最近几年高校普遍扩大招生数量,导致各个学校都或多或少承受着压力。受我国教育体制影响,各个院校为了分取更多教育投入,进而把自身资源主要投入办学层次建设方面,因此表现出盲目扩大办学规模、追求综合化的趋势。很多院校的旅游专业是基于地理、历史等专业发展起来的,不可避免在教师力量、资源等方面有所短缺。尽管旅游院校随处可见,然而却仍没有建立起有自身竞争力的、受到社会和行业广泛认可的品牌,当前的办学模式完全落进了求全、求大的误区。在院校数量方面,尽管近年来东西地区差距日益缩减,但西部地区偏远地区较东、中部地区旅游院校数量仍然不足;而云南、内蒙古等地区旅游资源虽然丰富,外汇收入较多,但院校数量仍无法匹配其旅游发展程度;相比之下,河北省、山西省等区域则数量过多,尤其是四川省已经严重供过于求了(王春雷,2009)。

　　因为规划不合理,旅游院校的效益不高,教育资源分配不合理,无法满足旅游市场的发展需求,旅游教育的发展趋势整体表现为从粗暴简单的盲目扩张向发展停滞甚至逐渐呈现出衰退状态转变。基于此,从外延型扩张向内涵型生长升级迫在眉睫,一方面要对当前快速增长的数量进行调控,另一方面要着力于改进办学质量,发展品牌。

　　② 旅游人才资源结构失衡,人才供需的结构性矛盾进一步加剧。

　　如果旅游市场想要实现持续性增长,那么足够数量的高质量人才是不可或缺的。政府在对旅游人才资源的结构进行规划时,必须对旅游行业蓬勃发展的现状进行深入思考,通过参考旅游三大市场的发展思路,把旅游业作为支柱产业的发展战略要求放在首位,遵循人才成长规律,做出科学规划,运用相关手段进行引导。当前我国旅游业人才资源面对着如下问题:培养结构失衡,人才供需矛盾突出。尽管理论层面来说,各个层次的旅游人才对应的教育层次应当呈现出金字塔形状,但事实却是纺锤形,处于高层与底层的人才数量远远供不应求。多项研究表明,该行业高层次人才短缺,其中旅游企业高级管理人员、运营人员、旅游规划等尤为缺乏,严重阻碍了旅游行业的发展。此外,专业技术过硬的优质一线人才同样严重缺乏。当前,因为旅游产业蓬勃发展,所以行业分工越来越具体,不可避免地产生了对多语种导游、景点开发等新型人才的大量需求,但是这些类型的人才往往很难短期快速培养。通过分析上述数据,站在旅游人才质量角度可发现,现在旅游业工作者在学历层次、专业化水平等方面完全无法满足旅游产业的需求。导致这种供需矛盾出现的原因,首先在于人才培养规格和市场需求不相匹配,其次则在于政府进行整体人才培养规划时缺乏远见,当面对旅游人才结构缺乏合理性等不足时,未能及时采取有效措施使得旅游人才总量匹配国内迅猛发展的旅游业,旅游人才结构适应旅游行业结构,旅游人才素质满足行业发展需求。

　　(2)管理体制缺乏创新。

　　教育体制在很大程度上将影响教育水平的发展。如果教育管理体制顺应教育发展规律,那么将对教育发展有利,反之,则会阻碍教育的发展,制约教育质量的改善。我国建立之初,推行的是计划经济体制,国家为主要办学主体。因为那段时间入境旅游是主要业务,所以为了满足外国游客接待需求,当时只设立了少量接待培训课程。改革开放之后,国内高等教育管理体制同样经历了改革,产生了翻天覆地的变化,逐步形成国家和地方两级管理、以地方管理为主的管理体制。按照地方经济发展的需要,经中央批准,院校可以设置相应专业以满足人才教育需求,在此背景下,我国旅游高等教育发展迅速,但仍存在着政府给予的管束过多、学校自主性较弱、灵活度不够的问题,导致各个学校大同小异,没有自身特色。

　　另外,受限于对外开放的程度,教育产业化也存在着发展不足的问题,各个院校之间并没有建立起良好的竞争机制。尽管国内已经推行市场经济很多年了,计划经济仍是困住旅游教育发展的牢笼,当前教育体制关注的重点为院校人才培养层次和研究层次等方面,对社会服务层面缺乏关注。这种忽视导致当前国内教育制度阻碍了人才培养的进程,使得国内人才培养走上错误的道路,导致很多旅游院校管理缺乏灵活性,学制僵化;片面要求根据计划设置课程,刻板安排教学计划,不重视社会需求;一刀切的人才培养机制,忽略个体差异,无法满足学生个性发展的需求;过于看重知识的传授,创新能力培养不足。

(3)制度保障不够完善。

不管是哪一种体制机制,政府都应当发挥主导作用,通过政策导向与规章机制来推动或制约某项产业的发展。政府与社会发展紧密相关,是一个特殊而又重要的利益主体,其有优于其他主体的规则制定权,能够在统筹多方利益的前提下通过政策、规制等手段建立利益均衡分配的长效机制来协调不同群体之间的关系(蔡靖方等,2004)。

无论何种改革,都会导致社会发生变动,但本质而言,改革是一种尝试,以社会发展现状为基础,势必在社会可承受范围内开展。相关实践表明,最成功的改革必须同现实发展相适应,并在多方努力下将其固化、制度化,唯有如此才可取得优良的成果。政府通过制定政策的形式管理社会,并将政策准则作为个体展开社会活动的依据,具备导向性、规范性与管理性的多重属性。在旅游人才培育与教育变革过程中,政府必须充分发挥主导作用,完善法律规章机制,统筹全局,在各方主体之间形成互利平衡,确保各项教育方案落实到位,发挥其应有的作用。"旅游人才政策是国家和最高行政组织为实现一定时期内旅游人才的发展目标而制定的关于指导旅游人才工作的规范性文件的总和"(王艳平,2003)。最近几年以来,我国为了推动旅游产业国际化的进程,高度重视旅游人才的培育,不断完善体制机制,扩大政策优惠的覆盖领域,政策水平显著提升,协调配合能力不断提高,开放包容性持续增强,取得诸多突出成绩。然而在实践中依旧暴露出诸多问题,具体如下:

① 政策层次低,法制化水平不高。目前我国已有的各项旅游人才培养政策,均是通过规章机制进行表述,集中在政策性与部门规范性文件,而未将其上升至法律层面。多年来经过实践并取得优良效果的人才政策需要更为深入的整合与梳理,从法律层面做出保障,有效提升旅游人才政策的法制化水平。

② 政策制定缺乏长远目光,更看重短期效应。现阶段,我国实施的旅游人才政策绝大部分为各种优惠,彰显出十分浓厚的计划经济色彩。短时间看,政策会取得效果,但长此以往下去,政策的动力不足。资金投入层面更多的是激励性投入而非培育性投入。现阶段,政策的制定依旧基于创造吸引、培育激励人才的客观条件,而没有从根本上搭建起科学的人才自我激励模式,人才发展缺乏内部动力,而导致该情况出现的根本原因是现有人才体制机制无法满足社会主义市场经济的需求。

③ 政策缺乏系统性,可实践性不强。旅游人才培育与开发工作并非一蹴而就的,需要各方主体的长期不懈努力,故而不管是国家政策抑或是地方性政策,均应当有高度

的整合性,在人才培育的核心问题上不可存在政策漏洞,应具备较强的可实践性与适用性。然而现阶段绝大部分的法律政策忽略人才自身的特征,可实践性弱,内容过于宏观而缺少具体的办法约束、条文规定,使得政策落实落地存在困难,执行效果不佳。例如,因为中国的教育结构体系较为闭锁,直至当下都未在普通教育和职业技术教育间实现真正意义上的双向交流,严重阻碍教育的统筹发展,不利于旅游职业技术教育的长足发展。与此同时,我国忽略旅游从业者与学生的切身利益,没有就从业者的专业职称评定、专业知识考核等制定完善的奖励晋升机制,而且公司忽略对内部职工的教育培训,虽然部分公司在内部准则中设定职工培训经费,但是并未将其落实到实践。除此之外,我国现有政策的时效性差,有待更好结合社会发展的现实需求对原有法律条文进行及时修订与完善。

(二)学校层面存在的主要问题

学校是学生接受教育的主要场所,承担着各类旅游人才培育的重要使命。中国旅游高等教育领域学科建设和发展实践取得了长足的发展,聚焦于旅游院校建设与发展的学术研究成果也比较丰硕,但存在的问题也非常多。

(1)学科地位不高。

中国的学历教育是结合学科体系开设专业及课程,以此为基础培育学科发展需要的专业型人才。但是,旅游学科构建理论体系的时间很短,部分学者认为其理论机制尚不健全。长时间以来,学术界就旅游专业的属性定位、学科定位等各执一词,且从旅游专业学科划分中便可窥见其不确定性。1999 年,旅游专业是经济学类的下设学科,最初命名是"旅游经济学",步入新世纪,教育部调整旅游专业的学科隶属,将其划归为管理类学科,并重新命名为"旅游管理",各大高校则设置管理学院。从教育部对旅游专业的定位中能够发现,旅游高等教育研究及产业发展管理是学术界研究的重点问题。以此为指导,中国绝大部分高校在工商管理学科下设旅游管理的二级学科,并招收博士与研究生。相对而言,旅游管理在中国的认可度不高,其热度不仅不如人力资源管理,而且也远差于电子商务、物流管理,故而旅游管理的学科地位较低,这严重制约学科的有序发展。

与此同时,社会科学是经济学、社会学以及人文历史学等学科共同构建的集群,其着重探讨人类在社会活动中所形成的一系列关系,并发现其中的本质与规律,但旅游是一种综合性非常强的社会文化学科,它在发展研究过程中会涉及多个学科领域方向,而这并非工商管理能够全部涵盖的。现阶段旅游学科所处的地位是的旅游管理难以覆盖旅游学科多种多样的内容。在旅游学科的属性定位上,王健(2008)表示,如果想要建证明旅游学的学科资格,就必须构建具有方法论内涵的旅游学基础理论体系。谢彦君(2003)将旅游学科定性为交叉学科,当前"把企业和行业活动理解为旅游;旅游学术积累所形成的知识框架的主体是管理学知识"。旅游不仅涉及经济管理,更是涵盖公共管理、自然地理环境、社会科学等多方面的内容,纷繁复杂的内容导致实践中难以搭建起统一的旅游学科体系,该问题使得短期内很难对此做出系统性的解释。因理论界还没有在旅游学科的理论属性上取得共识,故迄今为止旅游专业尚未发展成完整的学科,继而阻碍其地位的提高。

（2）培养目标不够明确。

旅游教育设置的初衷是为旅游产业的崛起培育高质量人才,然而实践中,绝大部分旅游高校所培育的人才无法满足市场发展的现实需求,而这同高校培育目标模糊紧密相关。其中,最为典型的问题是培育目标过高,甚至不切合实际,其中旅游本科教育的该问题尤为严重。1998年,普通高等学校本科专业目录颁布,其中旅游管理专业的培养目标被定为"培养具有旅游管理专业知识,能在各级旅游行政管理部门、旅游企事业单位,从事旅游管理工作的高级专门人才"。

当下我国的大学教育逐渐全民化、大众化,不再是高高在上的精英教育,而教育部设定的培育目标未做出相应的改变,依旧存在分类指导上的延后。但实践中,一方面高校不具备大规模高级人才培育的能力,另一方面市场对高级人才的需求数量远不及旅游专业本科生每年毕业的人数。培育目标过高使得大批旅游高校无法精准定位自己,将公司高管的培育当作办学使命,精英教育意愿难以达成,令高校生忽略专业理论知识的学习,难以将理论应用于实践。与此同时,部分旅游高校对人才培育的目标认识失之偏颇,有的将旅游与旅游经济混为一谈,无法从宏观层面认识事物,使得培育目标过于狭隘,课程开设不合理;有的则以全才培养为追求,设定的目标犹如空中楼阁,并未全方位研究市场的现实性需求,培育缺乏重点,更有甚者各大高校的旅游专业千篇一律,缺乏特色,使得岗位匹配度低,学生就业目标模糊,无法更好地适应旅游市场,导致"通才不通"的问题突出。在旅游人才培养层次上,通过各大旅游院校的实践可发现,旅游高职、专科间、专科与本科间、本科与硕士间界定不明晰,缺乏合理的层次区分。首先,本科教育"理论化"、专科教育"本科化"、职业教育"普教化"的现象普遍存在。特别是本科生作为中间层,犹如鸡肋一般,其理论专业素养远不及博士研究生,而实践能力、操作水平差于专科生;其次,学历贬值导致市场存在人才高消费的情况,部分岗位专科生便可完成,但企业的招聘门槛却是本科生,本科生能够完成的工作,却要求应聘者至少是研究生。人力资源配置上的误区导致人才严重浪费,阻碍旅游市场的有序发展。人才培育类型层面,高校并未精准把握旅游市场的多层次需求,在培养经营管理型人才、专业技能型人才、一线服务型人才还是学术研究型人才上未做出清晰的层次界定。

（3）课程设置缺乏特色,结构失衡。

当前我国旅游院校的教学特色建设呈现多元化发展的趋势,旅游院校的规模、数量十分庞大,但是实践中却存在着专业设置交叉的情况,人才培养手段陈旧落后,实力雄厚、品牌强硬的院校少之又少。例如,各大高校在旅游高级管理人才的培育上设计的教学计划大同小异,课程配置上希望一应俱全。与海外选修课门类相比,我国的高校课程配置十分宽泛，显得杂乱无章，导致学生学习缺乏重点。即使该现象是由于中国旅游发展机制不健全导致的，但是同质化的人才培育模式无法满足旅游产业的可持续发展（刘永辉等，2020）。

当前，我国的旅游院校在课程设置上主要存在以下问题：其一，课程结构不合理；其二，课程设置宽泛空洞。部分专家把现下课程体系总结为"四重四轻"：重理论，轻实践；重专业，轻基础；重知识，轻能力；重分化；轻综合。课程结构不合理主要表现为以下四方面：其一，专业课与其它课程间结构失衡，特别是英语、数学、毛概等课程占比较大，极大地耗费学生的精力。并且数学、英语与旅游专业之间的联系并不密切，专门就旅游从业开设的课程少之又少，绝大部分是空洞泛泛的理论知识。其二，必修课和选修课间存在结构失衡的问题，必修课占据学生课程的大多数，而选修课不仅占比小，而且课程内容单调无味，创新性差，难以调动学生学习的热情；其三，经济管理类课程占比大，却缺少执行力、实用性强的课程。不同于海外高校，中国的高校忽视实践而重视理论知识的传授。例如，中国的旅游院校并未设置旅游法规与纠纷处理、旅游环境建设等针对性强的课程（Gao 等，2019）。其四，人文社科类与职业道德等层面的课程占比小，使得学生的见识面短浅，缺少文化素养与人文气质的烘托，问题研究与统筹协调能力薄弱，工作动力不足，难以满足旅游产业发展对高素质人才提出的要求。课程开设未结合旅游产业的现实需求，部分院校存在跟风、盲目模仿他校的行为，为了设置学科而设置，缺乏人才培养的针对性与目的性。伴随着旅游产业的迅猛进步，大批高校相继把早先冷门抑或是市场需求低、就业状况不佳的专业调整为旅游专业。很多院校的旅游专业都是从中文、历史、地理乃至理工类专业中转变而来。因旅游专业设置的时间比较晚，故而其学科建设与课程配置均不合理（De Wit H，2021）。盲目追风其他高校的设置而未结合自身办学实际，使得教学计划难以顺利落实，课程内容空洞泛泛，学科体系复杂难懂，阻碍学生构建系统性的理论体系。与此同时，大批院校的师资力量薄弱，教师专业素养低，多由其他专业转入旅游专业，并未对旅游相关的理论知识进行系统性研究，并伴随着因人设课的问题，导致课程体系失之偏颇。

（4）师资团队构建与科研能力有待进一步提升。

随着我国的教育事业飞速发展，师资团队水平也显著提升，教师规模持续扩大，高校的教师规模由 21 世纪初的校均 19 人增长至 2010 年的 28 人。但是日益强大的师资团队依旧无法满足旅游教育事业的迅猛崛起，具体表现如下：

① 教师供需矛盾凸显，学历水平总体较低。旅游院校师资团队的学历以本科为主，平均学历层次是博士、硕士、本科、专科的比重依次是 16.4%、21.1%、57.8%、4.7%（图 3-7）。从中可知，研究生及以上学历教师的占比不足一半，只有 37.5%，教师队伍呈现出纺锤形结构，而这明显无法满足旅游产业进步对师资团队素养提出的要求，故而提高当前旅游教师的学历水平可谓势在必行。

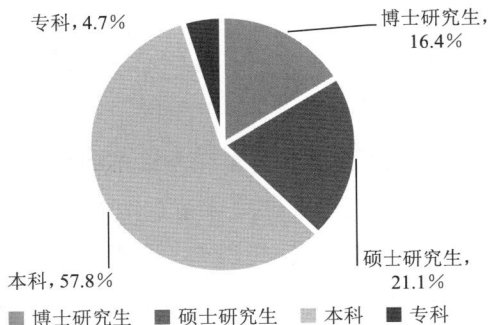

图 3-7 旅游管理专业师资学历情况

② 教师总体的实践水平较低。旅游业是一种综合性产业，其以服务为根本属性，旅游从业者应当具备扎实牢固的专业理论知识、强大的心理适应性、良好的紧急事件处理能力。可见，旅游专业教学应当将实践性、理论性、操作性集于一体，这就要求教师不止配备专业化的理论素养，还应对旅游业有独特的认识及丰富的应用经验(计金标等，2011)。但实践中，大批旅游院校教师是由历史、中文、地理等冷门专业中转过来的，即使之前他们是某一领域的顶尖人士，却从未接受过旅游管理专业系统性的教育，更何谈有相关的从业经验了。除此之外，高校对教师从业者的学历、学术成果等设置了较高的准入门槛，用人机制固化僵硬，实践经验丰富的人才难以进入教育系统。相关数据表明，兼具理论知识与实践经验的"双师型"教师占比超过 30% 的院校只有 51.2%，略多于一半。16.1% 的院校中教师团队有从业经验的人数比重不足一成(廖萍和朱湘辉，2008)。从而导致酒店管理专业的授课教师很多并未在酒店宾馆实地工作过，乃至挂职的现象普遍存在，部分教师更是不具备导游等专业资格证书却传授学生如何通过考试。实践中，更多的教师具备高理论知识储备而缺少实践经验，教学内容枯燥无味、不切合实际，难以将实践付诸教学活动当中，最终导致高校教育培育出的学生所精通的技能无法满足产业需求，而这与海外旅游高校的现实情况有很大不同。

③ 旅游师资队伍的国际化程度还比较低。我国高等院校旅游师资队伍中有留学经历的教师比重较低，对最新的旅游研究热点、研究方向缺乏敏感度，教学内容空洞宽泛且陈旧落后，例如海外高校就旅游专业属性及可持续发展研究已广泛开展，而中国的旅游院校教师却鲜少涉及。一些高校由于办学经费不足、教师短缺、教学渠道单一而无法与海外高校展开合作，难以为教师、学生提供学术交流的机会，此时教师将无法接受更高层次的学习，最终阻碍其教研能力的提高。

旅游的教学与科研紧密关联，只有以科研作为坚定的支撑旅游教育才能长远进步。旅游学是一门新兴的交叉边缘学科。从世界范围看，旅游研究始于 19 世纪初，真正发展是在 20 世纪 60 年代。随着旅游高等教育的逐渐崛起，中国的旅游科研始于 20 世纪 80 年代。因为起步时间晚，发展时间较短，国内在旅游科研方面有诸多短板，主要表现在如下方面：首先，优质研究团队和科研平台短缺。我国有很多研究者展开旅游研究，但他们往往是单打独斗，很少团队合作，此外，也不存在被全球范围内承认的旅游科研机构，导致旅游科研成果无法在大范围内数据共享，很多学者进行重复研究，资源浪费现象严重。至于科研平台，虽然《旅游学刊》等学术期刊是研究者们展示研究成果、交流科研数据的良好平台，对提高科研水平作用很大，但是我国学术期刊在全球范围内的影响力仍然不够。另外，国内很少有优质的学术研讨会及论坛，尚未打造出具有自身特色的学术品牌。其次，旅游研究的综合水平亟需提升。整体来看，国内的旅游研究水平较低，很多研究缺乏深度，系统性不足，此外因为缺少实地调查，研究内容存在许多空缺。一些高校教师进行科研时脱离实际，只做理论工作，不能紧跟旅游行业发展的时事热点，做出迅速反应，实施针对性分析，进而无法为旅游业的发展提供针对性建议，他们的科研成果很难转化为实际应用方法。从课题立项层面进行分析，研究者们普遍选择其他学科作为课题申报的途径，结项成果较少提及旅游相关内容。最后，研究能力优势难以变成自身教学能力优势。一些教师具备高超的科研能力，研究成果丰富，如果能够把自身科研成果与研究方法应用于学生教学过程，那么必然能够获得更好的教学成效，但是部分学者缺乏教育教学能力与实际应用能力，他们的研究能力优势很难变成自身教学能力优势，成为"玄虚、脱离教学的纯科研"。

（5）教材滞后，教学设施无法很好满足需求。

在教材方面，我国的旅游高等教育国际化实践过程中依旧存在诸多问题，具体如下：

① 教材内容不能与时俱进，落后于行业发展速度。教学成效的好坏与教材质量有很大关联，因此教材的编纂须及时吸纳旅游行业的新实践和新理论方法，与时俱进。在行业发展伊始，因为缺乏专业人才，为了尽快满足人才培养的需要，国内旅游研究以教材建设作为出发点展开的，而非"从论文到专著最后到教科书"这一传统路径。在教材建设和旅游学科构建方面，经费较为紧张，且走的是"自上而下"的逆向发展路径，使得功利主义思想存在于教材建设中，只有"拿来"，没有"主义"（主意）（Grieves & Vickers，2017），一时之间，尽管看起来市面上教材百家争鸣，但实际上内容大同小异，缺乏新意。具有创新性的高质量教材比较少。因为旅游行业实践性强、发展飞速，所以该行业进行人才培养时必须及时关联本行业的热点和焦点，在教学时要注意引用行业发生过的真实事件进行案例分析，教会学生应用学过的理论知识，对行业实践中面临的全新领域进行分析和探究。然而事实上，已有的旅游专业教材内容陈旧，已滞后于旅游行业发展现状，这样也难以吸引学生注意力，调动他们的学习积极性，教学效果堪忧。

② 教材结构失衡，优质原创性内容较少。当前旅游迅速崛起，发展前景十分可观，因此，旅游行业急需大量专业人才，以至于对教材有很大需求。相关机构过去对旅游教材状况开展过一次调查。调查结果表明：接近50％的旅游教材使用对象是高职生和中

专生,内容偏重于职业技能培训,数量最多;39%的旅游教材使用对象是本科生和专科生,内容主要是理论知识,数量占据第二位;8%的旅游教材面向自考生与成人教育等,内容同样偏重理论知识;只有5%的旅游教材面向研究生,数量最少。综上所述,我们可以发现旅游教材供应的层次结构呈现出纺锤形态,中间体量大,两头体量小。此外,本专科和成教自考所使用的教材以我国学者编写为主,而70%以上的研究生教材为国外引进的,表明我国优质的原创性教材数量不同乐观,在很大程度上依赖国外。此外,我国旅游教材内容偏重实践性,而那些偏重研究的教材,还有偏重新兴热点的教材,则需要从国外引进。

③ 在教学设施建设方面,政府的资金支持是有限的,无法满足快速发展的旅游教育发展的需要,尽管旅游专业本身能够筹措一些资金,但是受限于学校和社会企业的合作现状,获取的资金远远不能满足需求(陈志学和余昌国,2003),因此,部分旅游院校的教学设施陈旧落后,办学条件亟待提升。以实践基地建设为例,很少有高校设有一流的实践基地,更有甚者,一些学校都没有定点实践基地,当学生实习时,实践场所往往不固定,十分影响实习成效,对学校提升自身教学质量也十分不利。不可否认的是,正是部分旅游高校缺乏重视和办学经费保障导致上述局面。

(6)产学研缺乏紧密联系。

旅游行业是一种外向型产业,要求行业工作者具备高水平的实践能力,即便是研究者,也应当深入掌握行业的实践情况。旅游市场日新月异、更新飞速,以至于很难将行业人才培养的理论和专业联系起来。目前培养出来的专业人才无法满足市场需求现象屡见不鲜,大量毕业生难以就业。因为旅游行业自身的开放性,所以旅游院校坚持开放办学,以开放合作发展的办学理念,积极与校外企业合作。事实上,只有部分院校能够和企业开展密接合作。大多数院校和企业的合作仅仅浮于表面,多是邀请行业专家给学生做几次讲座,学校与企业之间缺乏交流互动,学生仍然无法把握对旅游业的最新动态与发展趋势。现行教学实践主要有三种模式。首先是从属地位模式,实践教学仅仅被当作一种"辅助性"课程来设置,实践性学习环节和实践教学时数太少。其次是集中实践模式,很多旅游高校是该模式的忠实拥护者,把本科学习安排为两部分,包括前三年的理论学习和最后一年的顶岗实习。最后是自主实践模式,很多旅游院校没有条件给学生安排实习基地,通常要求学生自己安排实习单位,放任学生自主实习(王美萍,2009;曾月征和贺小武,2006)。国外多所旅游院校采取的都是店校合一的实践教学模式,该模式可以提升学生的实践技能,让学生切实感受到实践的必要性,但我国使用该模式的院校并不多。至于教学方法,虽然国内已经广泛应用多媒体、数字教学等新型教学手段,然而过去常用的大班授课、小班讨论方式反而较少使用了。受多方面因素影响,旅游课程学生数量从过去的40人飙升到150人,乃至更多。不仅本科生,甚至在研究生中,围绕教授展开集体研讨的教学形式已经很少被应用(刘伏英,2008)。这对调动学生学习的积极性和主动性,引导学生开展深度思维和积极参与有关讨论都十分不利。

由以上可知,中国旅游高等教育在国际化建设中的意愿十分强烈,并结合发展实际展开诸多探索。然而总体来说,在多重要素的影响下,中国旅游高等教育在全球化思维、课程设置、师资团队、教学模式、合作办学以及评价指标等领域相对滞后于发达国家,也在一定程度上说明在旅游高等教育国际化高质量发展的道路上,我们任重而道远。

3.5 中国旅游高等教育国际化发展缓慢原因分析

3.5.1 中国旅游高等教育国际化制度保障不足

作为社会制度的重要构成部分,教育制度以及人事制度的产生与演变同样会被许多因素制约。对国内教育制度演变进程进行分析,会发现政府行为在其中起到的重要作用。推动教育制度演变的政府行为涵盖多个方面,包括确定教育改革目标、设计规划教育体系等一系列内容,因此我们可以认为,在教育制度的变迁过程中政府起到了主导作用。政府主导型教育制度变迁的特征做出概括如下:首先,受到行政命令、法律规范等因素的影响,权力中心在行政系统内部由金字塔上端纵向向下推行并进行创新;其次,权力中心进行制度创新所投入的成本与利益不相上下时,制度变迁是很难真正发生的;最后,制度创新的准入门槛非常高,只有满足权力中心要求的利益主体才有资格实施制度创新。国内教育制度以及人事制度和社会经济体制非常相似,都表现出决策结构、组织结构和资金运作模式非常集中统一的特点。以人事制度为例,该制度是计划经济背景下的成果,是一种静态管理体制,表现出较强的封闭性和稳定性。与别的制度相比,人事制度往往在集权性与压制性方面表现得更明显,而员工通常对所属单位有较强的归属感,由此导致人事制度僵化刻板,人员结构失衡、缺乏应有的激励体系等各种问题出现,在一定程度上制约了人才的发展,无法充分发挥人才的应有作用。

人才培养总体政策仍然由政府主导,而非完全根据市场规律转换为需求主导的主要原因并非在于相关理论、技术手段的不足,而在于制度改革和创新需要投入较高的成本,而这一切则源于既得获利主体为了维护自身利益而坚持固有制度。就教育制度而言,当前教育体制下,高等院校想要更好地生存甚至谋求发展,那么就必然要考虑政府资金支持、教师队伍建设、学生数量及质量、科研项目质量、和企业合作的力度等多方面因素的影响。这同样是国内旅游院校持续性开设新校(或开设新的系科、专业),学校虽然小但是专业很全面已经成为常态,使得教育质量提升跟不上规模扩张的速度,盲目扩大的规模无法充分利用有限的教育资金,无法获得可观的规模效益的原因。虽然现行的教育管理体制尚存在不均衡现象,国有院校普遍对当下教育制度表现出较强的路径依赖,所以这些院校特别是名牌院校会展现出一种"均衡认同"的态度,因而不会主动去创新,选择维持当前低效的状态。尽管民办院校在快速发展,展现出创新姿态,但因为我国在高校建设方面要求相对严格,此外非公办院校自身也有短板,可能在行为动机方面存在问题,比较难以作为主体促进当下教育制度进步。

我国旅游人才培养实践中面临一系列问题,除前文介绍的以外,还应当意识到我国的人才培育模式不合理。即使20世纪90年代伊始,理论界开始对人才培育模式进行深入的研究与探索,在人才培养模式的概念、属性、问题、改革方案等领域取得显著的成果,在一定程度上为我国的旅游产业培养出大量高素质的人才。但是我们也应清醒地意识到,绝大部分的模式被一个地区或某一学校应用,而未实现系统化,没有在全社会范围内推广。现阶段,中国还未构建犹如德国的"双元制"一般独具特色、针对性强的模式,而在后续章节中,本研究将会对此做出具体论述。

3.5.2 中国旅游高等教育国际化的观念性障碍

教育的首要任务是陶冶人的性格,进行人格锻造。现代教育德育为先,将育人放在第一位。这就意味着教育的首要任务是教会学生做人。如果错误理解了教育的本质,那么培养出来的学生必然会有智无德,这是不可取的(张培茵和王玉,2009)。当前在对旅游人才进行教育时存在一些问题,比如目标不清晰、定位存在偏差、结构失衡、供需脱节、培养机制改革滞后,造成这些问题出现的原因,一方面在于制度不足,另一方面观念性障碍同样需要负上很大责任。总体来说,政府、学校、家庭以及用人单位普遍受传统的教育理念制约,执着于一贯的精英主义及功利主义,在人才观以及成才观方面存在误区,人才评价机制急需完善。

中国传统教育一贯秉承精英教育理念,认为教育目的在于培养少数精英人士,这种精英主义同样还体现在教育体制、组织形式等方方面面。尽管文凭在通俗意义上代表的是受教育程度,但是当下已成为持有者身份、地位的一种证明。是否能够入学完全取决于考试成绩,在社会大众观念里,进入知名院校就读代表着已拿到更好职业发展、有望买入精英阶层的入场券,教师在执教过程中对那些学业成绩优秀、表现出众可能是未来行业精英的学生予以更多关注(不可否认的是,这同样和社会人才短缺密切相关。参见陆学艺关于社会流动性的文章)。社会一贯存在"重通识教育、轻职业教育""重知识教学、轻技能培养"的问题。这从国内旅游专业本科以培养"从事旅游管理工作的高级专门人才"为目标就可以发现。虽然旅游行业是服务性行业,但是技能型人才甚至无法被公平地予以尊重。职业技术教育往往不被社会看好,很多人下意识认为"劳心者治人,劳力者治于人""好好学习的孩子不会去职业技术学校"。目前,职业技术教育已经当作学生升学的备胎,而非综合考虑兴趣、能力以及职业发展规划等做出的慎重选择。根本上来说,全民族素质的改善是衡量一个国家发展的关键指标,而教育任务在于帮助每个人获得全面发展(蔡靖方等,2004)。

虽然精英主义不利于旅游人才的培养,但是眼光局限于眼前利益的功利主义弊端更甚。当前阶段,受国内经济发展水平的限制,体脑差异、城乡失衡问题仍会长期困扰我国。此外,受人才竞争越来越激烈、新技术推动行业快速转型升级等因素的影响,功利主义已经成为一种常见的行为导向。在教育管理层面,把就业率、升学率看作衡量教育质量以及学校工作成绩的唯一指标,这必然导致功利主义成为行为导向。在学校及教师层面,功利主义导向使得争夺生源、高收费等乱象丛生,但学生的培养层面却很少深入思考;教学观不全面,把教学认为是教授与考试有关的学科课程内容,应试教育大行其道,忽略对学生的德育美育教育,这种教育观下培养出来的往往是高分低能、缺乏发展潜力的应试人才。部分教师受经济利益的驱使,对教学采取敷衍的态度,将更多精力用在通过旅游挣钱上。在企业层面,片面重视旅游教育的职业发展,期望学校能够为其快速培养所需人才,接收"随时准备来,随时准备用"的毕业生,节省自身相关开销。旅游业作为一种商业,必然要受到实用性和利益驱使,受市场制约。在这种前提下,企业的短视行为非常普遍,为了节约资金,他们通常会压缩在培训上的投入,培训效果难以保障。大部分企业注重的是对现成人才的分配,不重视人才培养的过程,并非真正重视人才梯队建设和长期可持续成效。最后,在受教育者,即旅游专业的学生方面,他们把接受相关专业教育当作一种手段,用以获得更多好处和机会,敬业精神短缺,职业道德缺乏。教育是百年大计,一旦教育受到功利主义的影响,必然会打破教育发展规律。功利主义导致教育目扭曲,素质教育受到阻碍,只能金玉其外败絮其中(张凌云和房蕊,2011)。近来,国家多次强调"人才资源是第一资源",并在《中共中央国务院关于进一步加强人才工作的决定》中,对选人用人的"四不唯"标准予以重要说明,这"四不唯"分别是"不唯学历、不唯职称、不唯资历、不唯身份",充分体现了集科学性与人文性于一体的"大人才"观。然而,这个观念落到实处还需要很多努力。

3.5.3　中国旅游高等教育国际化人才供需失衡

产业素质代表着产业系统的总体质量,并对产业系统的功能发挥决定性作用。具体而言,产业素质涵盖产业组织合理化水平、产业技术水平等内容,而旅游业的产业素质可被划分为旅游业技术能力、产出及市场能力、管理与获利能力等部分,其不仅受到客观社会经济发展水平的影响,而且更是与主观素质水平紧密相连。

由旅游业从业者的构成中发现,当下从业准入门槛不高。部分景区的导游素质偏低,仅需从业者能够清楚当地的历史风情、重要事件便可开展工作,反而忽略更为深入、浓厚的人文资源的挖掘,这使得当地无法延长产业链条,难以从更大的价值中获取更为雄厚的经济利益。除此之外,因从业者的准入门槛低,业务素养不高,使得长时间以来旅游产业以劳动力为导向,这完全偏离旅游产业以知识为导向的属性,也正因如此,旅游产业的资金报酬率低,从业者的劳动力价格低廉。相对而言,旅游业不管是规模报酬,抑或是劳动力边际产出均低于其他行业,此时劳动力市场若充分流动,那么大批劳动者将会选择从事边际产出率高的行业。长此以往下去,越来越多的劳动力流向动机强烈的行业当中,旅游产业的边际利润将持续减少。

最近几年以来,我国的旅游产业面临行业对复合型人才需求量大与大批旅游高校毕业生失业的矛盾。具体而言,旅游专业学生的就业率低,高校生毕业即失业的问题突出,但高素质的旅游人才却无法满足我国旅游产业的现实性需求,从业者流动性大,人才流失的情况严重。导致以上问题出现的原因是中国的旅游产业依旧处于低水平,总体抗风险能力低。加之旅游业从业者的资金报酬不高,高校毕业生在选择就业岗位时拒绝从事与旅游相关的工作。谷慧敏等(2005)深入探索旅游专业的高校生拒绝旅游业岗位的原因,最终发现 42.3% 的学生认为旅游业的薪资报酬较低,不具备吸引力;23.4% 的学生表示旅游从业者的社会地位不高;25.1% 的学生指出旅游行业的发展前景较差;仅 3.3% 的学生是受到以户口为代表的政策性因素的影响。通过以上调查可知,薪资报酬与社会地位是学生就业择业首要考虑的因素。与此同时,在薪资报酬上的研究发现,高校生刚步入旅游产业的岗位时,工资报酬大约是 1 000 元,占比为 51.1%,但是其他行业的平均薪资约 1 300 元(刘志江,1996),这势必会导致旅游产业的工作人员产生巨大的心理落差。

3.6　本章小结

本章通过分析中国旅游高等教育国际化发展历史演变、区域发展情况、主要成就以及主要问题,对中国旅游高等教育国际化发展现状进行了深入总结与梳理。总体来说,中国旅游高等教育在经历了四个阶段的演变后,其国际化发展取得了诸多显著成就,如初步形成了国际化的教育理念、师生国际交流日趋紧密、教育国际化多维度多层次发展、中外合作办学机构与项目颇具规模。但在师资队伍、教学课程、旅游人才培养机制等方面存在一些问题,使得制度性因素、观念性障碍、人才供需失衡等成为中国旅游高等教育发展受阻原因。

4

国外典型国家和地区旅游高等教育
国际化发展经验借鉴

4.1　国外典型国家和地区旅游高等教育国际化发展现状与特点

4.1.1　北美旅游高等教育国际化发展现状与特点

（一）北美旅游高等教育国际化发展现状

北美旅游高等教育发展选取最具代表性的美国为例。美国康奈尔大学在 1922 年成立酒店管理学院，同时建立起旅游接待课程，标志着美国的旅游教育的正式开始。1940年之后，随着美国酒店的数量激增，解决相关人才的短缺问题迫在眉睫，因此，大批量旅游院校成立，立志于培养市场所需的管理人才。然而发展伊始，与同一时期的欧洲旅游教育一样，美国也偏重于常用的业务操作技能。美国旅游业在 20 世纪 60 年代以后飞速崛起，为了匹配行业发展速度，旅游高等教育国际化同样开始加快发展的步伐，高等院校普遍开始设立相关旅游专业，其中普渡大学设立的酒店与旅游管理系，伊利诺伊大学设立的休闲研究系等是典型代表。"到 80 年代初，美国设有旅游专业的高等院校有 75 所，中等学校 300 所，到 90 年代各类旅游学校达 2 000 多所，其中设有本科以上旅游专业的大学有 280 所左右"，旅游教育开始向着更高的层次进军，向国际领域迈进，内容包含相关领域更多方面，学科体系日趋成熟。

总体来说，美国的旅游高等教育国际化机制包括两种类型：第一种是职业教育，目标主要是培养实操工作者，内容偏重于专业技能学习，学制通常是 2 年，一般是职业技术学院承担教学任务；第二种的教育目标主要是培养管理人员，内容偏重于理论知识学习，包括本科生和研究生两个层次，前者学制通常为 4 年，后者 2～3 年。美国高等旅游职业院校立志于培养德才兼备的国际化人才。虽然职业技术学院承担了大部分旅游人才培养任务，但是一部分知名综合性大学，如康奈尔大学的酒店管理学院同样会开设相关专业进行旅游职业教育。

在本科教育方面，美国的旅游教育包括两种类型：其一为基于酒店餐饮的服务管理专业学习，拉斯维加斯内华达大学的酒店管理学院是该类型的典型代表；其二为基于旅游资源和景观的开发管理专业学习,伊利诺伊大学开设的休闲研究系是该类型的典型代表。美国高等院校具备丰富的旅游学科类型,根据院系的名称我们就可以明显发现这一特点,原因在于"美国的旅游教育最早直接由大学的学历教育介入,不同的大学有着不同的背景"(张岩和顾文静,2004),因此不同学校的科研偏重点存在差异,受之影响导致课程设置表现出类型多样化的特点,即便如此,各个学校的课程始终忠实于旅游教育最基本的内容教学。

美国高等旅游教育非常典型的一个表现在于学校和企业的合作。以希尔顿酒店管理学院为例,希尔顿酒店集团与休斯敦大学深度合作是校企合作的一个典型范例,这种合作对双方来说都是非常有利的,能够实现互利双赢的目标,尤其对于企业来说,不但有利于在学校专业教学中培养自身所需要的人才;还有利于企业通过学校科研为自身的管理和经营理念提供理论支撑,在激烈的市场竞争中占据有利地位,所以,"往往是某一院校成为某一企业的理论思想库,从理论和人才输送上保持着与企业的密切联系"(吴必虎和邢珏珏,2005)。

美国旅游高等教育国际化在安排专业课程内容时必须参考当前旅游行业的状态,做到与时俱进,必须具备前瞻性和国际视角。在教师队伍建设方面,大部分承担相关教学工作的老师,要么有过旅游行业工作经验,要么在相关部门工作过,这些教师通常兼具理论基础与实践经验,在教学过程中能够借助各类实际案例,帮助学生身处其境展开探究,提高学生发现问题和解决问题的能力。

此外,美国的旅游高等教育对学生的实践能力特别重视,普通高校教学实践基地齐全,社会实践要求 600～1 300 学时。与美国旅游专业本科教育相比,研究生教育起步较晚,开设的学位类型主要有工商管理硕士(MBA)、旅游管理方向、旅游管理硕士(MPS等)、酒店管理类硕士、其他与旅游或酒店管理相关的硕士学位。"不同类型学位的课程设计会因培养方向和要求不同而不同,如工商管理硕士(MBA)学位、专业研究硕士(MPS)学位强调实用性,而理学硕士(MS)学位则注重理论研究能力的培养"(卢华语,1999)。

(二)北美旅游高等教育国际化发展特点

综上所述,美国的"康奈尔模式"旅游高等教育国际化有如下特点:

(1)各级培养目标清晰确定。因为美国的各类旅游专业通常是附设于各院校的工商管理、家庭经济等系科下面,所以,美国的旅游高等教育国际化"从一开始就采纳了更为广泛的商科视角,强调培养学生的管理能力和综合素养,目标定位为管理人才"(苏甡,2007)。康奈尔大学酒店管理学院以培养"未来的行业领袖"作为目标。该院校所设置的课程中为达到毕业要求所必修的核心课程(这些课程在所有课程占比达到 50%)相同,除此之外,其他课程较为多样化、国际化,然而为了实现自身人才培养目标,所有课程都基于管理角度,以培养学生的管理能力为侧重点。

（2）项目类型多样。虽然旅游行业更迭迅速，但是美国旅游院校通常会随之对课程内容做出修改，因此教学内容往往具备较强前瞻性。以康奈尔大学为例，2007 年，该学校开设了一门有关酒店房地产管理和融资的课程，紧接着在同一年的 8 月份，为了满足扩大研究范围需要，更具国际化，康奈尔大学将本校原来康奈尔大学酒店与餐馆管理季刊的学报改了名字，更改为接待业管理季刊。此外，该学校将旅游专业相关课程划分为八个层次，以供学生根据自身需要进行选择，分别为本科教育课程、酒店管理硕士课程、科学管理硕士课程、博士课程、专业发展计划课程、总经理培训课程、远程经理人员课程、面向高中生的暑假兴趣课。

（3）走产学研一体的发展道路。美国是全球范围内最早展开产学研合作教育的国家。借助产学研一体化操作，康奈尔大学与合作企业达成了双赢目标。对于学校来说，和企业合作，有利于康奈尔大学的教师将教学工作以及科研工作和社会现实联系起来，在教学过程中展现丰富的实际案例，能够帮助学生提高探究以及解决问题的能力。"通过精心设置的培训专案与教育资源整合，来提高旅游管理的专业水平"。"这种半是学者，半是企业家的人才，对旅游教育的'产研'结合起着极为重要的作用"（田建国，2009）。对于企业来说，与学校合作同样好处多多，不但有利于自主培养企业管理以及经营方面所需要的人才，而且还能获取大量的理论支撑，从而占据有利的市场地位。所以，"往往是某一院校成为某一企业的理论思想库，从理论和人才输送上保持着与企业的密切联系"（胡金平，2001）。

（4）关注学生职业能力的指导。康奈尔大学通过立项、开设相关课程等多样化的途径对学生进行职业指导，以期帮助学生确定适合自己的就业方向。其中比较典型的内容如下：其一是制订了领导力发展计划（Leadership Development Program），当研究生完成了第一学期学习后，会由多名酒店业专家就职业生涯进行评估，此外还要对其领导力进行判断；其二是建立了专业培养项目（Professional Development），设立该项目的目的在于给参与者提供更多机会，让他们能够和酒店高管及相关工作人员进行接触，从而扩大其就业圈，助力其职业发展；其三是制订了斯塔特勒领导力发展计划（Statler Leadership Development Program），通过该计划的申请者能够获得一个可以在斯塔特勒酒店工作至少一学期的学习机会。除了以上各项目之外，康奈尔大学每年都会邀请大量企业高管人员到校举办讲座，他们往往具备丰富的实践经验，有利于学生及时更新对行业的认知以及把握行业未来发展方向，对自身职业发展做出清晰判断。

（5）政府大力支持，行业协会大显身手。20 世纪以来，美国一直没有专门的旅游管理部门，而是由政府逐步建立和健全相关政策法规，促进产学研合作教育，形成规范的政策体系，鼓励各方联合，保障了产学研合作教育的实施。美国的国家旅游发展政策由白宫旅游政策委员会负责，行业协会、企业、教育研究机构与市场帮助实现其他职能。以美国酒店业协会（AH&LA）为例，该协会致力于酒店经理人员的培训。该协会下属的教育学院（Education Institute）是全球范围内，都堪称最优秀培训机构，除了提供酒店管理专科、本科学历教育外，还会为酒店上至总经理下至一线员工的 35 个岗位还会被颁发资格认证。获得该证书即可进入北美、亚洲、欧洲、澳洲和南美洲大学，经一至两年学习后，则可获得学士和硕士学位。美国酒店协会的影响力极大，如果能够获得该协会的认可，获取"高级教育导师"（CHE）专业证书则有机会成为美国高等院校的酒店管理专业教师。除此之外，协会还出版发行酒店管理学教科书，该教科书广泛应用于世界各地 1 400 多个大学、学院、职业技术学校以及高中的教学中。

4.1.2 欧洲旅游高等教育国际化发展现状与特点

（一）欧洲旅游高等教育国际化发展现状

旅游教育最早出现在欧洲，在 20 世纪 70 年代以前，基本上没有高等旅游教育，当时的旅游教育几乎都是职业教育类型的。这种教育培养出来的学生虽然实践能力较强，但缺乏理论知识和科研能力。70 年代起，伴随欧洲旅游业迅速发展，对高素质相关从业人员的需求量越来越大，许多社会性的培训学校成立并开始培养管理及服务接待专业人才（刘永辉等，2020）。欧洲的旅游业在 80 年代更加迅速发展，只依靠服务和管理技能已经不能满足国内旅游市场和国际旅游市场发展的需要，迫切需要大量新型综合管理和国际化人才。基于如此的市场背景，欧洲各个院校才意识到开展旅游专业教育的重要意义，旅游学日渐与其它学科领域融合，逐渐建立起来一套完善的旅游教育体系，涵盖了从职业教育到研究生教育的各个层次，欧洲的旅游高等教育日渐崛起。

欧洲旅游高等教育发展选取最具代表性的瑞士为例。欧洲是全球化旅游教育的兴起地，而瑞士可以说是欧洲旅游教育的鼻祖。自 1882 年全球首所旅游高等院校——洛桑酒店管理学院设立以来，瑞士已经搭建起十分健全的旅游专业体系，并为全球旅游高等教育的有序进步提供诸多经验。瑞士在旅游高等教育层面最为突出的特征是酒店教育占据主导，最具代表性的是洛桑酒店管理学院、理诺士酒店管理学院。区别于他国，瑞士的酒店管理学院创建者为瑞士酒店协会，作为官方行的社会团体，其象征着当地政府对酒店管理的态度。行业协会很大程度上推动瑞士酒店管理教育的有序发展，除酒店协会以外，瑞士酒店学校协会、英语教学酒店学校瑞士协会在当地也很有影响，这为加强学校与行业间的紧密联系发挥巨大的作用。协会虽支持高校加入其中，但是却有十分严格的准入门槛，而这也进一步提升此社会团体的质量。瑞士的酒店管理教育凭借其严谨的教学模式、科学的课程配置、高品质的教学水平在世界范围内广为人知。实践中，各大高校将理论融入于实践当中。洛桑酒店管理学院一直秉持学生严进严出的原则，对申请者有着较高的入学门槛要求：一是申请者应当拥有中学毕业证书；二是申请者应当在酒店抑或是宾馆连续工作一年以上，并可出具相关证明，且如果证明是由其亲友开设的酒店开具的则不被承认效力。第二点在全球各个国家的高校中是十分罕见的,但是却能提升新生质量。与此同时,学校的在职教师更是经过层层选拔,绝大多数具备多年酒店管理经验,更有甚者部分担任过酒店餐饮行业的高层,而且为了保证高校教师在学校所教学的理论知识与实际相符合,每年高校还要求教师利用假期在酒店挂职历练。同时,高校也非常注重培养学生的实践能力将实践课程列为必修课,开设实操课、研究调查课等。"一般情况下,学生每学完一个门类的课程,就要相应进行一段时间的实习,通过实践巩固理论学习的成果,在实践中接触管理事务,培养管理意识。"

理诺士酒店管理学院采用全英文教学的模式,而这也是该校在瑞士酒店管理教育中的首创。学生进入学校以后需接受语言测试,测试不合格者进入语言班,合格者则直接进入一年级展开专业理论知识的学习。理诺士酒店管理学院结合酒店产业发展的实际,科学开设课程,并秉持理论课与实践课结合、校外与校外实习交相更替的原则,做出以下规定:"一二年级学生在完成理论学习后一周必须在校内完成同等课时的实践课,且必须完成四至五个月的本年级所学专业知识相关的实习,才能升入高年级继续学习"(林刚,1998)。与此同时,学校采用"双学分制",学生要想顺利毕业,不仅要修满必修学分,还要具备良好以上的品行等级。"学校每年都会对学生的操行进行打分并划分等级,如果操行分低于及格线,该学生将延期考试甚至影响其继续学业,执行非常严格"(徐浩贻,2005)。双学分制能够帮助学生塑造良好的行为习惯,掌握高超的专业技能。与此同时,理诺士高度关注师资团队的构建,从教者必须是经验丰富且学历一流的高资质教师。

（二）欧洲旅游高等教育国际化发展特点

相较于以美国为代表的旅游教育发达国家,瑞士极为关注旅游人才教育与培训实践,并结合本国的特征,在全球范围内独创店校合一的人才培育模式。接下来,文章以瑞士的酒店管理教育为研究案例,对该国的酒店教育模式特征进行深入的研究。瑞士洛桑模式的旅游高等教育国际化有如下典型特征:

（1）行业协会功能巨大。瑞士是全球第一个在全国范围内推行正规酒店教育的国家,故而酒店教育为该国旅游教育的关键。创建于1882年的瑞士酒店协会（SHA）象征瑞士酒店产业的官方机构,其十分重视教育与培训。1893年,瑞士洛桑酒店管理学校成立,这标志着瑞士酒店教育步入新的台阶。随后,该机构在瑞士范围内创建数十家培训酒店,并结合当地酒店产业发展的现实需求,相继创建里诺士等酒店院校。除瑞士酒店协会以外,瑞士酒店学校协会、英语教学酒店学校瑞士协会也发挥重要的教育职能,协会对于成员学校的质量要求非常高,院校要想加入协会当中必须满足多个条件。总的来说,瑞士行业协会承担着沟通学校和行业间桥梁的作用,并深入推进旅游教育的发展,对于旅游人才的培育彰显出巨大的价值。

（2）店校合一,注重实践。瑞士旅游学校最大的特点就是店校合一。这也是培养高质量酒店管理人才的客观需要。在课程设置上,既有基本理论,更注重实习实践,实习实践课程的占比超过理论课程。洛桑酒店管理学院的实践课具体包括操作练习课、模拟分析课与研究调查课。一般而言,当某一课程结课以后,学生需进行课程结业实习,通过实践加深对理论知识的认识,并利用实习的机会,提高实际管理能力,塑造管理理念。学生入学之初需以小组班级为单位,到餐饮酒店锻炼半年,每周更新工作任务,实习内容涉及食物运送、加工、餐具洗刷、客房卫生打扫等。学校希望通过实践活动帮助学生养成崇尚劳动、勇担责任、团队意识强的职业素养。除此之外,为了规范学生的职业道德品行,学校更是结合课程安排,构建科学合理、公正严谨的评分机制。

（3）办学目标更加国际化。瑞士旅游学院每年为全球输送大批旅游型人才,长期以来,院校秉持国际化教学理念,即使地处瑞士小国,但将国内外人才培育作为方向,坚持国际化发展道路不动摇,培育出大量具备国际宏观视野、不畏竞争、勇于挑战的现代化旅游业国际化人才。因此,瑞士的旅游院校不管是办学理念、学科创设,抑或是师资团队、学生来源,均不局限于瑞士本国,而是着眼于全球旅游产业发展的需求,根据旅游专业的特征,打造统一的国际标准,从而为旅游产业培育复合型人才,切实保障世界各国的旅游人才需求。例如,瑞士酒店管理学院在全球100多个国家招收学生,并由学生选择法语教学与英语教学两种模式,而且积极与其他国家的高校展开国际交流,为学生提供引领旅游产前沿的信息咨询,帮助学生实时掌握最新行业动态。与此同时,学校还在世界领域内设置实习地点,为各国学生实习提供便利的同时,确保学校的教学实践同国际接轨。

（4）课程设置灵活多样,坚持以人为本。当前,旅游人才市场发展迅速,竞争越加激烈,为此,洛桑酒店管理学院通过定制化手段设计多层次、多类别的课程,学生可以结合自身实际选择以下三种类型的课程:第一种是一年半的酒店运作管理证书课程,该课程适用于毕业后有意向竞聘酒店部门经理、总经理的学生;第二种是国际酒店管理课程,该课程面向取得科学学士学位的专业人员;第三种则是国际酒店管理硕士、博士课程,该课程针对希望未来成为行业领导者的学生学校而授予。面对中国旅游产业的腾飞,洛桑酒店管理学院也曾出台多项策略吸引中国学生前去留学,1998年该院校在法学教学课程之外增设英语教学课程,同时针对中国学生希望取得学位的需求,专门创设本科和硕士学位。

瑞士旅游高等教育一直坚持以人为本的理念,结合学生及行业发展的需求设置课程,故而十分重视学生能力的培养与从业需求,所开设的岗位多以学生的现实经验与需求为核心(罗兹柏和罗有贤,1997)。瑞士的旅游教育院校不仅重视学生理论知识的培养,而且深度挖掘学生的多样化与个性化,利用科学的教学方法与丰富的教学内容,让学生掌握从事相关行业的本领,以此提升他们的国际化水平,从而将学生的创新力、实践力发挥到最大,尽可能帮助每一名学生实现理想。学生在接受学习的熏陶以后,可以结合自身爱好,更具针对性地掌握更好适应旅游职业的专业化技能。

关注专业素养的培育与知识的更新换代。瑞士旅游人才教育极为典型的特征是重视学生专业素养的塑造。瑞士酒店管理学院不仅为学生传授酒店运营的法律规章机制、旅游环境建设等极具国际化特色的理论知识,而且要求新生入学前接受工作历练,无论何种措施,均可提升学生的专业素养,而这也是学校高度负责的表现。与此同时,学校教学采用"双学分制",即课程学分与操行等级分并重的模式。每一学年操行等级分的总分是6分,学生不仅要完成理论知识的学习,还要求该分数达到4分,若不足4分,学生将不被允许参加期末时刻,情节严重者更是直接被开除。双学分制使学生实践学习两不误,切实保障学生职业素养的提升与良好习惯的养成。与此同时,瑞士极为关注知识更新与继续教育。瑞士旅游酒店的中级管理者不仅要接受专业化的技工教育,还应当在岗历练至少1年,而申请高级管理者,需接受中级培训,并在中级岗位就职多年。除此之外,这部分人员在接受中高级管理职称之前,需重返校园接受继续教育,更新所学知识。

由此看出,瑞士旅游高等教育在注重理论知识传授的同时,并未忽略学生实践能力的提升,而且将学生职业理念塑造作为教学的重点。

4.1.3 澳大利亚旅游高等教育国际化发展现状与特点

(一)澳大利亚旅游高等教育国际化发展现状

与其他欧美国家相比,澳大利亚的旅游教育发展较晚,20世纪70年代,本国的旅游教育随入境旅游迅速兴起而得到发展。澳大利亚于首先开设了旅游接待专业进行试水,目的是培养专业接待人才,随后又增设4个其他专业,到1989年澳大利亚开设的旅游教育专业迅速增至15个,到现在已经突破50大关。澳大利亚旅游高等教育之所以能够快速发展,其根本原因在于本国旅游业的迅速崛起。20世纪40年代,澳大利亚的国外游客才1万人,到80年代后,人数爆炸式增长,当前每年的国际游客数量在500万以上。国际游客数量的激增给本国旅游行业的发展提供了多种可能性,同时也带来了很多挑战,由此,澳大利亚开始发展旅游业,为响应号召,各高等院校也纷纷开设旅游专业。

作为澳大利亚大学旅游教育的两大重头,"普通旅游"专业和"旅游接待"专业可划分为以下四个种类(黄松山,2019):

(1)单一重心类。该类型将接待或旅游当作学习重心,同时将其展现于学位名称中,比如,澳大利亚国际酒店学校开设的酒店管理本科专业就是典型范例。

(2)双重心类。这种类型的专业通常不会将旅游或者接待这一类的字样直接展现于学位名称中,但是进行学位授予时,会着重说明该方向,昆士兰大学的商业管理(旅游管理)本科专业就是典型范例。

(3)通常是非旅游性质。这种类型的专业通常不会把旅游方面的内容当作学习重心,但该专业进行课程设置时,会安排部分与旅游有关的专业课程(一般为6～10门),阳光海岸大学开设的商业管理(含旅游管理课程)的本科专业就是典型范例。

(4)尽管是非旅游性质,但涉及一些和旅游专业相关的课程。例如,有的学校进行城市规划专业课程规划时,会把一些和旅游专业有关的内容纳入其中作为选修课供学生选修,这类专业在进行学位授予时,通常不会表现出旅游性质,同样在进行旅游专业调查时这类专业也不会被计入其中。

澳大利亚高等旅游教育对学生的实操能力十分关注,其中的一个典型范例就是澳大利亚国际旅馆学校,"学生学习营销课程时,老师要求学生调查火车上餐饮销售情况,并且分析该销售情况产生的原因,从而提出可行的方案解决问题;学习酒店培训课时,学生要根据自己所学习的理论知识自行选择一个课题,为学校高华庄旅馆的员工进行一次培训。"此外,澳大利亚国际旅馆学校同样为学生提供了多样化的专业实践途径,主要包括校内见习和校外实习两种方式,校内见习主要安排在澳大利亚国际旅馆学校的高华庄酒店,学生见习时在各个部门进行轮岗,通过轮岗制见习,学生能够收获更加全面多样化的实践经验,见习期间学校会安排专门的指导教师,此外酒店的工作人员同样会承担部分指导工作,当学生能顺利通过校内见习后,学校就会安排学生参加校外实习,见习通常只需要完成一些简单的任务,而实习则难度更大,同时实习成绩会计入学期课程成绩。校外实习包括经营性实习与管理性实习两种类型,学生在经历过这两种不同的实习过程后,实践与解决问题的能力明显提升。

与美国相似,在专业设置方面,澳大利亚高等旅游教育同样颇具前瞻性。1998年,因为亚洲金融危机导致全球经济衰退,使得全球范围内各个国家的旅游业大多呈现负增长的状态,然而在此背景下,澳大利亚的旅游业不但没有衰退反而快速发展起来,大大超过国际平均水平。之所以出现这种情况,根本原因在于澳大利亚作为悉尼奥运会的主办方,借此机会大力发展体育类旅游教育。南十字星大学就是其中的佼佼者。该学校在1999年开设了体育旅游管理专业,为召开悉尼奥运会输出所需相关专业人才做足充分准备。后来,南十字星大学又开设了会议和项目管理课程,以满足当时许多全球性社会、文化和体育活动迅速发展的需要。

澳大利亚旅游高等教育的迅速崛起离不开国家与地方的保障与支持作用。1992年,澳大利亚高校旅游与接待业理事会在澳大利亚旅游部和澳大利亚研究局的大力支持下正式宣告成立。此外,在澳大利亚政府的支持下还成立了澳大利亚旅游常务理事会,该理事会每年都会组织研讨会。"现澳大利亚政府又成立了国际酒店与旅游精英教育中心(THEICE),主要目标是成立国际专家评估小组,制定促进酒店与旅游教育的发展,同时提供酒店与旅游教育的战略咨询。"

(二)澳大利亚旅游高等教育国际化发展特点

澳大利亚旅游高等教育国际化的特征主要有以下几点。

（1）学历教育与职业教育并重的终身教育模式。

学历教育和职业教育兼顾是澳大利亚旅游人才培养最明显的特征,澳大利亚致力于搭建各种平台,将普通教育和职业教育沟通起来,该国的职业教育升学途径如下:高中—本科—研究生(赵鹏和王慧云,1998)。为了使旅游工作者持续性学习发展自我,澳大利亚构建起了"先学习,再工作,继续学习,继续工作"终身教育模式,对学生没有任何年龄限制。

（2）基于市场需求的专业设置导向。

首先,澳大利亚进行专业设置时,会按照市场需求分析结果对专业进行非常细致的划分。这种做法一方面有利于保障课程的专业性与具体性,保证学生对某一具体专业技能的掌握度,另一方面精确的专业划分有利于学生对自身就业方向具备更加清晰的认知。例如澳大利亚为了在悉尼奥运会期间趁机发展体育类旅游专业,提前培养相关专业人才,面向国际市场需求,出现了南十字星大学等代表性院校。

（3）政府行业协会协同。

在澳大利亚的旅游教育发展过程中,该国的政府以及行业协会扮演了非常重要的角色。例如,1992年,在澳大利亚政府大力支持下,澳大利亚高校旅游与接待业理事会与澳大利亚旅游常务理事会先后成立。借助这一协作平台,澳大利亚每年定期举办学术会议,为促进本国旅游教育相互交流和相关学术研究发挥重要作用。现在,澳大利亚政府新建设了一个国际酒店与旅游精英教育中心(THEICE)。该中心建立了国际专家评估组,确立了全球性顶级标准,为本国的酒店与旅游高等教育提供专业建议,推动本国旅游高等教育国际化的进一步发展(徐红罡,2004)。

（4）构建专业职业资格体系。

正是因为澳大利亚政府构建起了很完善的职业资格体系,该国的发展模式才能这么顺利地推行。澳大利亚创建了非常严格的国际认证制度,对旅游工作者有非常高的从业标准要求,因此在很大程度上推动了本国旅游工作者的专业化进程,该国对高技能性岗位做出明确要求,规定工作人员只有在获取相关专业证书后才能上岗,这就意味着职业证书是就业的敲门砖,因此旅游专业的毕业生只有在获取 TAFE 证书之后才有资格入职本行业的技术性岗位。

综上所述,澳大利亚旅游高等教育快速发展离不开课程设置依据行业需求、理论联系实际、政府保障和支持这三大法宝。

4.1.4　亚洲旅游高等教育国际化发展现状与特点

（一）亚洲旅游高等教育国际化发展现状

日本在亚洲旅游高等教育国际化发展中居于前列,极具代表性。日本的旅游教育出现于 20 世纪 60 年代中叶,彼时日本立教大学创新性的开设全日制旅游本科教育。在此之前,日本虽有多所学校设置旅游课程,然而规模较为狭小,且质量不高,并且均设置于短期高校当中。在短期高校当中,最具代表性的为 1964 年东洋大学短期大学酒店设置旅游学科。同时,1936 年,东京 YMCA 国际酒店专科创建,此为日本第一家酒店学校。1970 年至 1980 年,日本的旅游教育步入平稳发展的时期,这是由于 20 世纪 70 年代初期,日本的出入境旅游人次达到一个小高峰,迎来旅游的繁荣期,然而受到石油危机的冲击,出入境旅游的人次开始下降,到了 1979 年,出境人数超过入境人数,在该段时间内,"日本立教大学率先于 1973 年在社会学部社会学研究科应用社会学方向开设了旅游学博士前期课程"(刘永辉等,2020),在它的带动下,日本其他大学也开始试图设立一些和旅游有关的学科课程,例如横滨商科大学在 1974 年创设贸易旅游学科,并将其列入商学部当中。80 年代后期,日本的旅游产业迎来迅猛发展的新时期,在此背景下,旅游教育兴起。在《度假区法》的影响下,开设旅游专业的院校持续增多,直至 90 年代,旅游产业的蓬勃兴起对旅游教育界提出更高的要求,此时日本的旅游教育迈上新的发展台阶,旅游高等教育日益发达,越来越多的院校开始设置旅游专业。

日本的旅游教育已经发展了 40 多年,迄今为止已搭建起由高中至研究生的教育机制,在这当中,旅游高等教育涵盖大专、短期大学、本科与研究生教育等。在 20 世纪,日本各界并未过于重视本国的旅游高等教育,绝大多数的旅游高等院校为专科与短期大学,本科学校极少开设该专业。但步入新世纪,尤其是 2003 年日本政府在全社会范围内推广"观光立国"的政策之后,日本高校愈发关注旅游产业的进步,国立大学相继开设旅游类专业。与此同时,日本为了提高旅游高等教育发展的质量,有效防止只开花不结果情况的出现,在全国范围内推行特色化旅游教育,这在很大程度上提升了日本旅游高等教育的质量。

立教大学为日本首家开设四年制本科教育的国立大学,长期以来,该校在旅游高等教育领域颇具影响,引领日本国内旅游高等教育的前进方向。"其旅游学部毕业生的就业率在日本经济普遍不景气的情况下,一直保持着较高的水平,2004 年旅游学部总体就业率达到 96%,这是一个很高的数字"。该院校旅游学部的师资力量雄厚,教师的专业化水平高,视野开阔,绝大多数教师是将理论与实践集于一体的学者。立教大学毕业生就业率高的关键在于课程设置上注重"厚基础、宽口径",导致学生能够在更多的工作岗位上立足。就国立大学而言,其最为典型的特征是走国际化道路。与欧美各国相比,日本旅游研究比较落后,为抓住有利的发展时机,力争短期内达到国际旅游教育发展水平,各大学纷纷采取行动,加强与世界知名大学之间的联系,开展旅游教育的国际交流与合作,走联合办学的发展道路(吕迎春,2007),例如琉球大学与美国夏威夷大学签署联合办学协议,并与歌山大学不远千里访问我国东北财经大学,探讨如何办好旅游高等教育这一重要问题。

（二）亚洲旅游高等教育国际化发展特点

日本官产学一体模式的主要特点有以下几方面。

（1）政府十分重视发展旅游高等教育，并给予有力引导。日本有着教育和产业、政府三位一体的源远历史，旅游高等教育更是如此，日本政府对促进本国旅游教育事业的发展有着巨大的作用。最具代表性的例子是 21 世纪初出台的《观光行动计划》，明确表示利用实施策略与计划以建立一个旅游强国，并且强调"培养高素质的旅游人才"和"大力发展高层次的旅游教育"的重要性，日本政府也明确支持相关学校开设旅游专业。这项行动计划推动了日本旅游高等教育国际化发展进入一个新阶段。因为日本高校旅游专业设置规定了严格的审批制度，并颁布了相关的旅游法律法规和行动计划加以引导，旅游专业走内涵式发展道路，避免外延式无序发展，从而有效地保障了旅游高等教育办学质量，促使日本旅游高等教育国际化的稳步前进。

（2）高度重视国际合作，培养国际化人才。为了以最快的速度实现跨越式突破，助推日本的旅游教育迈上新的发展台阶，日本旅游院校相继同全球知名高校展开交流合作，谋求联合办学之路。例如，琉球大学的旅游系和美国夏威夷大学旅游产业经营学科签订联合办学协议，双方互认学分，互换旅游实习基地，两个院校的授课教师定期互访并交流最新旅游知识、引入英语教学模式等，同时国际学部与大众传播学部在条件允许范围内开设旅游专业（何海燕和舒波，2011）。除此之外，高校学习借鉴西方的旅游教育模式，创设一批极具特色化的学科，如比较文化论、欧美史。课堂教学时采用以英语为主，全球主要语种为辅的教学模式。以上举措是日本为了实现旅游教育国际化做出的诸多努力，并取得显著成效。

（3）院校自主性强，重视学生的特色化培养。第二次世界大战结束后，日本学习借鉴美国的教育制度，推行教养教育，并赋予院校较大的课程开设自主权，坚持以"个性教育"为目标导向，结合国内现实状况，采用独具特色的学科发展模式。例如琉球大学深度挖掘本校经济部、文学部、农学部的学科交叉综合优势，在旅游科学上分设了旅游经营、旅游规划与政策、旅游保健和旅游可持续发展四个研究方向。立教大学为了让学生们能够充分将自身兴趣与未来职业规划相结合，在基础课程之外开设了旅游文化、旅游规划与旅游经营等多个课程模块供学生们自主选择。总体而言，日本院校的课程内容旨在丰富个体的精神世界、培育学生的教育能力、推崇基础教育和个性化教育、挖掘传统文化及树立国际化思维（陈肖静，2000）。

（4）高度重视旅游从业者的日常培训工作。日本企业十分关注应聘人员的基本素养与进步潜力，新入职公司的高校学生虽然具备雄厚的理论知识储备，但缺乏实践，不了解公司的具体业务，故而在公司就职后，为更好地展开工作，需要根据企业的实际情况，学习具体的知识。日本企业重视员工在大学中受到的教育，但更重视自身企业内部对员工的教育，新招聘的毕业生都必须在企业内部培训系统中进行岗位培训后才可以正式上岗。例如，日本最大的旅游公司日本交通公社(JTB)就有自己的旅游大学，该大学用于培养企业自身所需要的旅游专业人才(纪培玲和路军，2005)。作为学校教育的重要补充，日本企业内教育与学校教育完美结合，培养了企业所需要的高质量经营管理人才，从而促进日本旅游企业的快速发展。

4.2 国外旅游高等教育国际化发展的经验借鉴

前文对多个具有代表性国家的旅游高等教育国际化现状和特点进行介绍，从这些国家的发展当中，我们能够得到一些可供学习借鉴之处。

总体而言，旅游高等教育发展历经由完全忽略到高度重视并奋进追赶的历程，迄今为止已搭建起较为成熟的旅游高等教育体系。各国结合自身的旅游发展程度、传统理念与人文背景已构建出独具特色、类型多样的旅游高等教育发展模式。各个国家旅游产业特征的差异导致不同地区的旅游教育发展之路千差万别，所培育出的旅游人才势必多种多样，然而在核心问题上其依旧有共通之处。现对五个典型国家的旅游人才培养模式异同点进行对比，具体见下表4-1，希望能够为我国旅游高等教育的发展与高层次国际化人才培养模式的建立提供指引。

表4-1 美国、瑞士、澳大利亚、德国、日本旅游人才培养模式的异同点

	教育理念及培养目标	政府及行业协会作用	培养过程及方法	培养评价	培养特点
美国康奈尔模式	教育理念较为先进，培养目标比较明确	在制定行业法规、培训机制资格认证方面发挥重要作用	实行产学研一体化，课程设置灵活、体现前瞻性；提供多样化的科研平台；双师型队伍；"酒店学院合一"的实践教学模式强调专业知识的掌握和能力的培养；注重职业指导	重视培养学生的学习研究能力和创新能力，注重对学生综合能力的评价	产学研一体化
澳大利亚TAFE模式	以多方面能力培养为目标	建立完善多层的职业资格体系，充分发挥行业引导作用	课程内容"宽口径、厚基础、重实务"；专业设置与行业需求结合紧密，重视解决实际问题，具有较强前瞻性；重视双师型师资；倡导学历教育与职业教育相结合的终身学习	以职业能力标准和国家统一的证书制度为依据	就业导向
瑞士洛桑模式	培养目标明确，办学目标国际化，重视学生从业综合能力	推动教育、培训及产业实践研究	课程设置以学生为中心，根据不同层次分类，突出强调实践教学；注重职业能力及知识技能更新；侧重双师型队伍；严格的管理及考核；提供有针对性的就业指导和帮助	实行严进严出的制度，考核方式更加丰富，重视实习实践，重视对学生综合能力的评价	强调理论联系实际，店校合一

	教育理念及培养目标	政府及行业协会作用	培养过程及方法	培养评价	培养特点
德国双元制模式	以能力培养为中心	完善的法律保障,政府的大力支持、行业的务实保障	校企"双元"结合,企业发挥主体作用;学校教育与企业培训互通的"双元"体系;课程设置以职业能力为核心;教学方式突出受教育者为本;培训专业化和完善化;适应市场需求,提供职业指导	考核严格独立,主要由行业协会组织,侧重企业实际需求	实践导向
日本官产学一体化模式	政府、行业、学校紧密协作,重视培养国际化人才	确定战略地位;严格审批制度	官产学三者密切合作;学校办学自主性较强,注重个体需求和个性化教育;专业性与宽口径相结合;注重从业人员培训,企业建立内部培训体系	综合考核	官产学三位一体,内涵式发展

4.2.1　国外旅游高等教育发展国际化共同点

(一)先进教育理念引领,培养目标清晰具体

通过对比以上国家能够发现,它们均以先进的教育理念为指导。美国十分注重学生管理能力与科研能力的培育,根据实际操作者与管理者两种人才类型开设针对性的课程。康奈尔大学就以培育 21 世纪的国际化招待业领袖为宗旨。相对而言,瑞士的旅游高等教育更为注重学生技能水平的提高,突出学生的综合素养与实践技能,同时精通某一领域,该国的洛桑学院就表示培育可以担当酒店行业全部层次及岗位的复合型人才。日本则十分关注国际合作,希望培育出国际化人才,对于中、高等职业教育,普通本科及研究生教育的每个层次,分别制订针对性的培育目标。而在澳大利亚与德国,学生的能力是最重要的。

(二)政府及行业协会发挥重要作用

在美国和瑞士的旅游教育人才培养领域中,政府与行业协会均在发挥不可替代的作用,是旅游教育前进的引导者、规范者。另一方面,澳大利亚和日本政府在旅游业的发展和旅游人才的培养方面发挥了强大的作用。澳大利亚建立了完善的职业资格体系,日本则结合国情出台《观光立国行动计划》,将观光立国的战略落到实处,同时把高素质旅游人才培养、高等化旅游教育打造置于重点位置。

(三)校企结合,理论联系实际

现代高等教育多采用校企结合的办学机制,而旅游高等教育的特殊性更是要求其必须走校企结合之路。美国的高等院校通常为企业的发展出谋划策,长久以来为企业输送理论学识丰富的复合型人才(田喜洲,2000)。瑞士最为突出的特征是酒店与学校紧密联系,院校犹如高度开放的酒店。在澳大利亚,学生试用期间需定期轮岗,同时安排专业教师与酒店工作者予以指导。德国则坚持企业为本,绝大部分企业独立创建培训基地,聘请高级培训教师,定期对职工进行培训。日本的旅游企业则构建独具特色的培训体系,以期弥补院校教育的缺陷。

（四）课程设置灵活,针对性强

基于自身学术水平与办学特色,美国的旅游院校所开设的课程也各有不同。康奈尔大学开设的课程注重学生的实践需求,以此提升学生的创新水平与适应能力,并根据不同学生的需要开设八个层次的选修课。瑞士则极为重视学生个性化发展与岗位需求,以学生实践经验与需求为核心开设课程。洛桑酒店管理学院利用定制化策略,基于学生个体的差异为其设置三个层次的课程,并供学生自主选择。澳大利亚院校则统筹全局设置课程,例如为了满足悉尼奥运会对体育类旅游人才的需求,当地高校转成开设体育旅游管理专业。德国则通过职业分析按照一定的标准对社会职业进行分类,分设不同的职业群,专业同职业群相互对应,以此开设颇具针对性的课程。

（五）配备高质量的双师型队伍

打造综合素养高的双师型师资团队为旅游教育取得突破的重点之所在。美国所采用的"专兼职"相结合制度能够切实保证教师团队兼具理论知识与实践能力。例如康奈尔大学酒店管理学院采用专职教师与知名专家互相配合的教学模式,二者分别为学生上课,与此同时,多家跨国公司构建的院长顾问委员会利用教学、调研等方式创新并传输酒店管理知识,从而取得优良的教学效果。瑞士的院校既要求教师具备丰富的一线工作经验,而且还需其定期接受知识更新,采用"学校—企业—学校"的发展模式,确保教师掌握的内容是最先进的。德国院校对高职教师的学历有着严格的要求,高职教师必须是博士毕业,并且拥有不低于五年的从业经历。澳大利亚的部分院校也只招聘旅游相关工作经历超过五年的教师。

（六）注重学生自我定位,提供就业指导

重视引导学生正确认识所学长短,准确自我定位,以便发现更适合自身的岗位,康奈尔大学通过多重渠道为学生进行就业指导,例如在学生与行业主管之间搭建起沟通交流的桥梁。首先,帮助学生以较快的速度清楚认知行业发展现状与前进趋势;其次,开拓学生的就业领域,打造职业规划平台。洛桑酒店管理学院专门为学生开设帮助考取高含金量证书的理论课程,帮助学生在毕业时能够同时获得瑞士、美国与英国等国家的文凭及学位,从而让学生在未来就业中占得先机。澳大利亚实行了持证上岗制度,规范了就业准入制度,很大程度上提高了就业学生的素质。

4.2.2　国外旅游高等教育发展国际化差异

（一）发展背景不同

美国、瑞士等国家的旅游教育均是为了满足飞速发展的旅游行业对人才的需求而兴起的，虽具有诸多共性，但在发展背景上千差万别。最初之时，助推美国职业教育进步的动力是该国旅游经济的蓬勃发展，后期伴随着旅游产业的深层次发展，焦点转移至学历教育。瑞士最初是为了满足酒店餐饮行业对一线工作者的市场需求，对从业人员进行专项技能培训，后期为了满足现代化酒店管理的需要才开始推广学历教育。澳大利亚的旅游教育出现时间比较晚，以美国、瑞士为借鉴，故而具备两国旅游教育的特征。日本的旅游教育经历由低到高的发展历程，最初源于中等职业教育，后期才走向内涵式发展之路。

（二）发展方向各有侧重

美国的旅游人才培养十分关注学生个体职业能力的提升，注重个人将理论应用于实践当中，并通过紧急事件的解决提高从业者的应急管理能力。瑞士则关注技能课程教育，加大实操课程的比重，在教学过程中更为注重旅游社会和经济类知识的传授。澳大利亚不仅对从业者的学历有一定要求，倾向于满足职业化发展道路的专业性教育。德国在构建职业教育体系的同时，打造以实践为本的双元制人才培育模式。日本旅游高等教育起步较晚，为加快追赶发达国家的脚步，坚定不移地走国际化道路，从而实现了快速跨越式发展。

（三）独具自身特色

美国的康奈尔模式十分注重科学调研。勇担理论创新、信息共享与酒店发展的责任，打造高质量的产学研合作平台，并出版国际一流的旅游学术期刊。瑞士高度重视学生专业素养的培育，双学分制更是为学生提高职业素养、养成专业行为习惯奠定基础，严进严出，严把"入口关"与"出口关"。澳大利亚倡导终身学习，建立了比较完善的普通教育与职业教育错位发展、交叉互通的体系。日本则以培育旅游专才为目标，严格审核各大学校开设的旅游专业课程。

4.2.3　国外旅游高等教育发展国际化小结

以上国家是全球旅游高等教育实践的引领者，它们经过多年的探索发展，现已搭建起特色鲜明的人才培养模式。不管是美国的康奈尔模式，还是瑞士的洛桑该模式，均是结合该国的发展特色而设置的，其特征鲜明、辨识度高，在全球旅游人才培养上发挥重要作用，有值得我国高校学习借鉴之处。除宏观构架与举措以外，这些国家在旅游高等教育实践中的细微之处也值得关注，例如瑞士重视个体职业素质的提升，并专门为此设置极为严格的双学分制度,从而全方位增强学生的综合能力。

当然,我国在旅游高等教育国际化、国际化人才培养等方面也有着积极的探索推进和值得借鉴的成功经验。但总的来说,中国旅游高等教育起步较晚,和发达国家有着不同国情和发展阶段,存在一些差异。在未来的实践当中,中国应当学习借鉴欧美国家的先进经验,做到以我为主,为我所用,扎根中国大地办教育,中国特色、世界一流,探索出一套与中国国情相结合的旅游人才培养模式。

4.3 中外旅游高等教育国际化发展对比分析

由于全球各个国家的经济实力、教育发展水平、历史人文底蕴、政治制度等存在差别,其旅游教育的国际化水平存在较大差异。但总体而言,中外旅游高等教育国际化发展特点的差异如下。

4.3.1 旅游高等教育国际化发展模式差异

(一)国内旅游高等教育国际化发展态势迅猛,呈现出粗放型发展的模式

改革开放以来,中国旅游高等教育取得巨大发展,旅游行业的社会性资金投入大幅度提升,但是在实践中盲目追求发展速度而忽视质量,为典型的粗放型发展模式。针对旅游业发展与人才建设不相适应的问题,1992 年,教育部通过了旅游管理专业课程的设置,次年,旅游专业在大批高校中设立并正式运行,自此旅游专业如雨后春笋般在高校范围内兴起。伴随着旅游经济在社会经济中地位的提升,各大高校更为重视旅游教育,并将大笔资金投入其中,旅游教育规模持续扩大。当前,中国的旅游教育由以往的精英式教育演变为大众教育,旅游高校教育在量与质上均取得巨大的突破。但是该模式虽然推动旅游专业化水平的提高,加大专业建设的规模,但是也带来大量问题,例如旅游学科的理论知识陈旧落后、课程配置不合理。除此之外,高校更为重视数量而忽视质量,导致人才培育与市场需求不相适应,大批旅游专业学生毕业即失业,缺乏对高层次、高质量国际化旅游人才的培养。

当前,粗放型发展模式的弊端日益突出,已无法满足现代化建设的需要。由于高校培养的人才素质与市场需求有一定偏差,部分学生就业困难,无法从事与旅游相关的工作,不仅耽误了学生的宝贵时间,国家也浪费了大量的人力资源和资金投入。更有甚者,该类办学模式严重阻碍了中国旅游市场的可持续发展,不能吸引更为宽阔国际市场,间

接加大国民经济压力,但伴随着社会各界对该模式的批判,加之新型发展模式的出现,粗放型模式势必会被更为先进的模式所取代。

（二）国外旅游高等教育国际化发展呈集约式发展模式

集约型发展模式的概念为充分利用当前的学校资源,深化教育体制机制改革,科学配置教育资源,通过提升学生的运行效率与质量助推教育产业的发展,本质而言,集约型教育模式为典型的质量效益型发展模式。迄今为止,在市场机制和政府监督下,国外发达国家旅游高等教育基本上迈向集约化、国际化发展之路。历经百年的发展,发达国家现已搭建起集职业高中、高职高专、高等教育等于一体的多层次旅游教育体系,越来越多的高校加入旅游研究团队当中,但是普通教育依然是未来发展的主要趋势。

4.3.2　国际化人才培养与人才需求差异

（一）国内旅游高等教育人才培养与人才需求略显失衡

据世界旅游组织预测,在未来10年里,中国旅游市场每年有100万个职位空缺,而每年仅有10万名旅游专业的毕业生,显然,旅游专业人才供不应求。事实上,其他国家的旅游人才市场也面临着同样的境况:一方面许多就读旅游专业的学生毕业后很难找到工作,另一方面旅游市场又急需高水平的优秀人才,严重供不应求。

事实上,当前我国高等院校的培养目标偏重于对学生进行理论知识传授,缺乏对学生实操能力的重视,从学校出来的更多是理论型人才,缺乏当前所需的实践型人才。然而事实却是市场更重视毕业生的实践能力,要求他们不但要具备丰富的专业知识,更要配备专业的实践能力,在这种情况下不可避免地出现了学校培养出的旅游专业人才与旅游市场所需人才不匹配的情况。除此之外,随着办学层次日益提升,各学校的培养目标大同小异,人才层次不清晰,导致毕业生"无所适从"。在人才培养目标、教育模式等方面,高等教育过于机械、缺乏灵活性与多样性,使得所培养出来的毕业生与就业市场的需求不匹配,也无法满足国家国际化旅游人才的需求。

（二）国际旅游高等教育关注旅游教育和业界的交流与沟通

国外旅游教育的典型特征在于其行业协会所发挥的重要作用。美国专门设立相关管理机构,白宫政策委员会制定全国性的旅游发展政策,行业协会、企业以及教育研究机构负责其他职能。美国的行业协会对旅游院校教育和职业教育具有重要作用,尤其是美国的酒店协会,一直致力于酒店经理人员的培训及资格认证工作的酒店协会,该协会下属的教育学院（Education Institute,简称EI）拥有50年酒店管理教育经历,是世界上最优秀的教育及培训机构之一。教育学院为酒店35个重要岗位颁发资格认证,其证书在酒店业内享有最高的专业等级,另外,学院出版的教材内容丰富,涵盖了包括管理、营销以及实际操作等在内的多方面内容（郎玉屏,2003）。瑞士的旅游教育主要为酒店旅游教育,由酒店协会创立。作为瑞士酒店的官方组织代表,瑞士的酒店协会,创建了瑞士洛桑酒店管理学校,并相继在全国建立了20多家培训酒店。由此可见,行业协会在发达国家旅游教育中扮演重要角色。

国外教育重视实际应用,在旅游教育领域这点尤为显著。虽然国外旅游教育重视理论联系实践,但各自的侧重点有所差异。整体包括两种类型。第一种以旅游实务为主,将培训的重点放在实际技能方面,所培养的人才定位是各个旅游公司的管理层或者技术骨干,欧洲是这类的典型代表。另一种则重视理论联系实际,以相关领域科研和教学作为重点,关注高等教育,培养的人才未来的就业方向主要是旅游公司以及相关行政部门,此外,还致力于为高等院校和相关科研部门输出专业人才。美国是这类的典型代表。在传统文化的影响下,以欧美为典型代表的两大阵营,对旅游教育持有不同的观点,并发展出来两种差异很大的教育体制,然而,伴随全球化进程日益推进,旅游教育的国际化已经势在必行,这两种教育体系正在日益交融。

4.3.3　旅游教育办学主体与办学层次差异

（一）国内旅游教育办学主体多样化、办学层次日益丰富

伴随旅游教育的不断发展,国内相关教育办学主体也在不断改变,第一阶段是1978年到1988年,以国家旅游局与各级院校为主要办学主体;第二阶段是1989年到1997年,被称为跨越式发展阶段,旅游院校和各级旅游局成为主要办学主体;第三阶段则是1998年到如今,随着国内旅游教育日益规范化,办学主体转变为以政府为主,旅游院校、各级旅游局、科研机构以及旅游公司为辅,协同培养。除了办学主体的演变,专业层次同样不断地发展,逐渐建设成为包括中专、大专、本科、硕士、博士在内的层次丰富的教育系统,此外,大力推行成人教育,以此构建成为全新的、综合性的旅游教育。然而,旅游高等教育还是以学历层次较低的大专为主。

（二）国外旅游教育研究逐渐向名校渗透

当下,国际范围内各政府、组织等已经深刻认识到旅游教育的重要性。联合国世界旅游组织对旅游教育予以关注,加大研究力度,特别是高等教育在高等旅游教育中日益占据重要地位,因此,包括欧美、日本等在内的国家,鉴于自身旅游业发达,旅游教育发展迅速,所以对旅游教育研究的关注度日益增加,以美国为例,国内排名靠前的12所大学中,已经有10所展开了对旅游现象的研究。由此我们可以看出,旅游的学术地位日益攀升。

4.3.4　旅游高等教育国际化特点差异

（一）国内旅游高等教育国际化注重旅游教育合作

随着旅游教育的不断发展，办学主体不断丰富，更多的机构、部门、企业对旅游教育感兴趣并投身于此，旅游教育日益关注合作共赢，当下国内在该领域所采取的合作共赢模式主要是学校与企业合作办学以及国内外合作办学。作为旅游教育一贯传统，学校与企业合作办学长久以来都是国外旅游教育的优先选择。该模式在国内同样适应良好。暨南大学中旅学院就是这种模式下的成果，该学院由中国中旅（集团）公司、香港中旅（集团）公司等多家企业合作办学，于 1996 年 3 月正式开学。

当前我国正处于快速发展的新时期，国内外合作办学正是在这种背景下应运而生的一种全新的教育模式该模式采取与国外旅游教育院校合作的方式，将彼此拥有的旅游教育资源进行整合优化，吸收借鉴国外旅游教育先进经验，并将其本土化，由地方政府以及相关管理部门进行宏观调控，引进国外优质教育资源，运用先进的管理理念建立国际平台，以培养旅游专业人才以及研究相关旅游教育。借助国际交流合作，有利于培养高质量的专业人才，适应旅游市场需要，有助于合作双方实现双赢的目标，有利于我国旅游行业长远发展。

（二）国外旅游高等教育留学目标国际化、市场化

鉴于旅游业具有较高的外向性，因此国外旅游教育通常都会和国际接轨。20 世纪80 年代以来，随着全球化进程快速推进，国际旅游业快速发展壮大，国家之间以及地方之间的旅游教育交流合作越来越多，美国、瑞士、澳大利亚、日本等国的旅游教育都朝着国际旅游的水平发展，大范围展开深度合作，把目标定位于国际旅游教育市场，形成了全球化的"双师型"师资队伍，不断调整相关课程和实践安排，以能力培养为重，不但能够满足文化背景以及职业经历存在差异学生们的不同需求，还能够培养出符合当前旅游市场需要的全球性旅游高端人才。所谓办学目标的市场化，是基于旅游市场的人才需求，培养出既能够胜任旅游服务工作又能做好管理工作的旅游专业人才。在旅游教育的人才培养目标定位方面，国外旅游院校通常按照市场需求制定，针对性培养对口专业人才，以方便学生就业为目标，实施人才培养。学校按照市场实际需要进行科研并引入教学，使教学内容贴合当前市场需求，重视学生的实践能力，一切为了就业做准备。办学目标市场化同样表现在对有针对性的调整生源市场。比如，为了吸引中国留学生，瑞士洛桑酒店学院专门在常规课程基础上，加设了英语教学课程，此外，还贴心地考虑了我国学生对学历的重视，增设了本科学位和硕士学位来满足中国留学生的需求。

4.4　本章小结

　　本章首先梳理了北美、欧洲、澳大利亚和亚洲典型国家和地区旅游高等教育国际化的发展现状和特点；其次，归纳了国外旅游高等教育国际化发展的经验借鉴和异同；最后，通过对比国内外旅游高等教育国际化的发展，总结出中外旅游高等教育国际化存在旅游高等教育发展模式差异、人才培养与人才需求差异、办学主体与办学层次差异，旅游教育国际化特点差异等四个方面。

5

中国旅游高等教育国际化
发展实证分析

为了识别中国旅游高等教育国际化发展的影响因素,本书建立了旅游高等教育国际化水平的评价指标体系,并基于调查问卷、层次分析法和因子分析等方法,定量表达了各影响因素的重要性(王景荣,1996)。问卷调查《院校旅游高等教育国际化现状及影响因素调查问卷》经广泛征求了多所大学国际部门意见,于 2020 年 11 月 26 日—2021 年 1 月 5 日通过腾讯问卷平台进行发放,选取不同层次的高校的教师与学生就各自的问卷进行答题,发布问卷的数量分别为 50 份、250 份,回收的数量分别为 38 份、186 份,剔除无效问卷,有效问卷分别为 38 份、177 份,有效回收率分别为 76%、70.8%。

5.1 中国旅游高等教育国际化影响因素识别

5.1.1 指标体系构建

(一)指标选取原则

中国旅游高等教育国际化水平是一个综合性指标,为更准确全面识别其影响因素,应遵循以下三层原则。第一系统性原则。各指标之间具有一定逻辑关系,兼顾学生、教师、院校等方面异质性,能够全面反映评价对象本质特征,并从不同侧面反映评价对象,以保证评价的系统性和可信度。第二科学性原则。在进行指标体系与评级指标的设定时,应当严格遵循科学性原则,详细了解每个指标内涵,以便更客观、更真实地反映评价对象发展特征与现实情况,真实展现指标间存在的联系。第三可比性原则。指标体系需能够反映不同研究对象的普遍性和特质性信息,便于进行不同层面的对比分析。

(二)指标体系构建

本研究从微观、中观及宏观三个层面对影响中国旅游高等教育国际化因素进行分析,识别院校、教师、学生不同维度下的影响因素(图 5-1),并对其差异性加以分析,以期从不同层面了解旅游高等教育国际化因素,为高校旅游专业国际化、旅游国际化人才培养及旅游产业国际化发展提供基本理论指导。

影响因素一级指标	影响因素二级指标

学生个体特征
- 1. 教育层次
- 2. 海外优质教育资源需求程度
- 3. 海外经历需求
- 4. 经济条件
- 5. 外语水平
- 6. 跨文化交流能力

行业和市场
- 7. 学业成绩
- 8. 行业外向性水平
- 9. 行业经济发展水平
- 10. 市场发展对国家化人才需求
- 11. 海外市场拓展需求
- 12. 行业现有国际化人才水平

国家政策
- 13. 中国移民政策
- 14. 中国签证政策
- 15. 来华留学政策
- 16. 出国留学政策
- 17. 教育开放政策
- 18. 国家教育国际化投入

全球国际教育背景
- 19. 国外移民政策
- 20. 国外签证政策
- 21. 国外院校奖学金
- 22. 国际教育市场开放程度
- 23. 国际政治经济环境
- 24. 国际教育市场竞争程度

院校环境
- 25. 高校层次
- 26. 专业实力
- 27. 国际化制度建设及办学理念
- 28. 管理人员国际化水平
- 29. 师资队伍国际化水平
- 30. 留学生占比
- 31. 校园国际氛围
- 32. 办学设施国际化程度
- 33. 国际合作交流基础
- 34. 国际教育经费投入

教师个体特征
- 35. 年龄
- 36. 教育层次
- 37. 海外学术背景
- 38. 外语水平
- 39. 跨文化交流能力
- 40. 学术水平
- 41. 开展教育国际意愿
- 42. 开展科研国际意愿
- 43. 开展国际学术会议意愿
- 44. 职业发展需求
- 45. 薪酬

（中国旅游高等教育国际化影响因素）

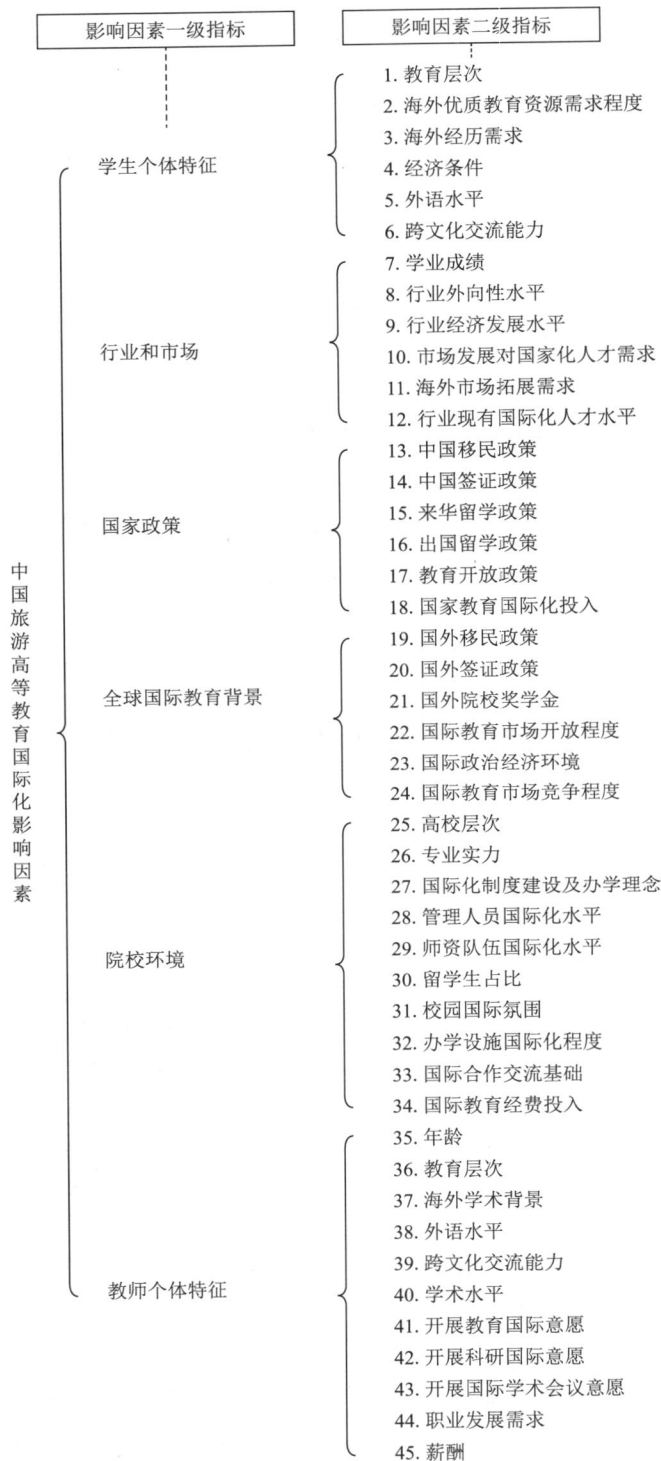

图 5-1 中国旅游高等教育国际化影响因素

（1）学生个体特征。

旅游高等教育国际化要求学生、教师、院校、行业、国家等树立国际化教育理念,将国际化理念嵌入到各个层面,将国际化旅游人才培育作为目标导向,现阶段以培养国际性旅游人才为最终目标,目前有"引进来""国际参与"等多种模式(覃蕾,2019)。学生作为流动的主体以及国际化发展储备的人力资本,其个人特征、动机以及参与国际化程度的意愿等因素可能会影响他们对旅游高等教育国际化发展的认知程度。

学生个体特征主要包含学生客观条件、出国留学需求以及能力三个层面。第一,出国留学的经济成本是影响学生出国的基本条件,根据教育部数据,自费留学生比例自2006年逐年降低,中国政府留学金政策对学生吸引力增大,侧面反映学生经济条件是影响国际化旅游高等教育发展的因素之一。第二,在基本经济需求满足的同时,学生还要有强烈的出国动机,亟需海外优质教育资源,来不断提升自己,为今后工作奠定基石。第三,在满足上述二者前提下,还需要具备出国留学的能力,其基本教育层次、学业成绩等体现了该学生的学习能力以及认真程度,能够保证学生基本学习;其外语水平、跨文化交流能力等体现学生具备出国留学的基本生活能力,能够减少学生生活挫败感,提升国际化效果。

（2）行业和市场。

教育的目的就是为社会和行业实践提供优秀高质量的人才储备,同时旅游行业国际化发展为教育提供现实需求,因此旅游行业和市场是影响旅游高等教育国际化发展的重要因素之一。首先,旅游高等教育国际化是旅游产业国际化的必然要求。旅游产业外向性以及经济性为其提供发展潜力。旅游产业现在国际化需求以及未来快速的发展给旅游高等教育提出更高的要求,旅游高等教育为其提供强有力人才储备。其次,随着旅游产业国际化快速发展,现有国际化人才水平欠佳,确实存在旅游国际化人才贫瘠的问题,为使国际化人才满足对市场发展,促使旅游高等教育院校树立国际化意识。除此以外随着经济全球一体化以及国内旅游市场饱和,海外市场吸引力逐渐增大,亟需开拓海外市场,进行海外投资,国际化旅游人才的需求急剧增加。因此行业和市场从人才需求供给角度影响旅游高等教育国际化发展。

（3）国家政策。

旅游高等教育国际化理念随着经济全球一体化、旅游产业快速发展应运而生,以期补充旅游国际化人才缺口,亟待提升旅游人才国际竞争力。在国家"一带一路"倡议背景下,旅游人才国际性尤为重要,为促进旅游人才国际流动,中国政府采取一系列移民、签证政策吸引外国学生来华留学,为其提供中国政府奖学金,以减少来华留学生留学经济成本,提升中国高等教育的吸引力。同时中国政府也相应为本国有出国留学意愿的学生提供留学、来源国留学信息等政策,加大教育开放程度以及国际化教育投入。具体而言,根据投入产出原理,各国政府对高等教育国际化越重视,通过"公费留学""政策支撑"等途径对其投入越多,使得人才国际化水平更高、各高校国际化发展环境及整个高等教育发展水平得到提升(覃蕾,2019)。

（4）全球国际教育背景。

旅游高等教育国际化处于经济全球化背景之下,国际教育迅速发展是该背景下的客观趋势。其受到国际政治经济环境的制约,不同区域以及国家政治制度的差异性直接制约国际教育交流和普及化,良好环境是国际教育的基本客观条件。不同国家教育市场开放程度、竞争程度都会影响他国学生、教师和院校的选择,国外便利的移民、签证政策及丰厚的奖学金成为他国教育交流的客观吸引力,一定程度上促进高等教育国际化进程。

（5）院校环境。

由于不同制度体系下教育体制、旅游产业发展水平的不同,导致旅游国际化人才培养方案不同,高等旅游院校作为培育优秀国际化人才的摇篮,能更好地展现中国旅游高等教育国际化现状,因此考虑院校环境因素尤为重要。

高等旅游院校各个方面均会影响旅游人才国际化培养。首先,旅游院校之间存在异质性。不同教育层次、专业实力的旅游院校对国际化发展态度不同,能够提供的软件及硬件环境水平不同,一般教育层次及专业实力更强的院校国际化经费投入、校园国际化氛围更好。其次,旅游高等院校教育以及制度建设的国际化理念能更好指导该院校融入国际化氛围,能使教师从国际视角向学生传递前沿内容,以全球性观念教导旅游专业学生,培养较强国际竞争力旅游专业人才。其中教师作为培育国际旅游人才的主体,师资队伍国际化水平尤为重要。只有拥有一支具备国际教育背景以及国际经验的高素质、专业性的旅游教师,整个中国旅游高等教育才能向更高国际化水平发展,向发达国家国际性教育看齐,自身素质、学术水平等能力也不断提升。院校国际合作交流项目与国际教育经费的投入表明院校对高等教育国际化的重视程度,一定程度上帮助有意愿且经济困难的出国或来华学生,同时根据投入产出原理,投入越多,对院校回报越多,越有利于该院校国际化理念具体实践。最后,院校管理人员国际化水平、办学设施国际化程度、校园国际化氛围一方面让该院校学生全身心体验国际文化,培养学生出国意愿,另一方面使国际学生感同身受,除体验中国本土文化外,也有一定的亲切感,更便于学生交流。

（6）教师个体特征。

教师作为教育传播及培养旅游国际化人才的主体,教师基本素养以及国际化程度对旅游高等教育国际化发展重要程度不言而喻。主要从教师基本条件、国际化教学意愿以及国际化教学能力三个层面进行阐述。第一,基本条件。拥有海外学术背景的老师视野会更广阔,往往采用国际化视野看待问题。不同年龄阶段教师由于对职业发展需求不同,会导致对待国际化理念的视角以及具体实践操作不同。第二,国际化教学意愿。国际化教学意味着老师需要改变以往的教学风格、教学内容、教学方式方法以及学术科研方向,会给老师带来一定的挑战,此时教师们国际化教学意愿尤为重要。第三,国际化教学能力。在满足前两点之后,教师还需要有一定的外语水平、跨文化交流等能力,能够确保国际化教学顺利完成。

5.1.2　层次分析法

层次分析法(Analytic Hierarchy Process,AHP)的提出者为 T. L. Saaty,其出现于 20 世纪 70 年代,是为解决复杂问题而提出定性、定量综合分析的多准则决策方法。基本原理就是根据要解决研究问题(也称为目标层)属性,通过经验或者理论知识,将其划分为不同层次的因素,并按照因素关联性、隶属性将其聚集组合,形成完整层次结构模型,将研究问题最终归结为中下层因素相对于最上层的相对重要权值。

其主要步骤:首先,划分复杂问题为若干层次、因素,厘清各层次之间的隶属关系,构建层次结构模型。其次,邀请行业专家结合实践经验运用 1～9 标度对比各个层次与要素的价值,构建判断矩阵。然后,使用 yaahp 软件进行层次单排序、层次总排序及一致性检验。

5.1.3　描述性分析

中国旅游高等教育整体上已初具国际化教育理念,但国际化水平较弱。仅 25% 的高校开设教育部、省市批准的旅游教育领域中外合作办学机构,12.5% 高校开设教育部、省市批准的旅游教育中外合作专业。其中,中国院校与国外院校或机构建立旅游教育领域合作基地的形式主要以实习中心(50%)为主,联合教学基地(25%)与培训基地(37.5%)为辅;旅游教育领域合作项目多是非学分短期交流项目(50%),仅 37.5% 的学校有学分互认交流项目、12.5% 的学校有联培联授学位项目。

国际化旅游专业教师团队初具规模,师生国际交流不断深入。有 5 所高校旅游专业现在职教师拥有海外学历比例为 5% 以下,2 所高校拥有比例为 6%～15%,剩余 1 所高校集中在 30% 以上,且各院校均有少量的外籍教师。同时各院校留学生比例、专职外事管理人员较少,均占 5% 以下。大多院校学生拥有出国交流经历人数为 5% 以下,而其中一所高校拥有出国交流经历人数比例超过 20%;同时 50% 院校近 5 年来没有旅游专业教师出国进行学术交流,而其中 1 所院校旅游教师出国学术交流人次达 20 人以上。

学术国际交流和科研国际合作小有成效。75% 院校均与国外院校机构签署和执行多份合作协议或备忘录,且成果丰硕,并拥有少量的国际合作科研项目。同时多数院校旅游专业教师参与国际重要学术会议、在国际期刊、国际学术组织任职比例均在 5% 以下,50% 院校近 5 年没有举办旅游领域国际会议,25% 学校举办旅游领域国际会议超过 4～6 场。

5.1.4 影响因素识别

(一)层次结构模型

本研究通过问卷调查的形式采访各高校行政管理人员、旅游系教师共38名,从学生和教师个体特征、院校环境等微观层面,行业和市场中观层面以及国家政策、全球国际教育背景宏观层面对中国旅游高等教育国际化影响程度进行考虑。根据以上指标建立层次结构模型,通过各个准则层指标权重的大小来分析其重要程度。最上层为目标层:识别旅游高等教育国际化影响因素,中间层为准则层分别包含五个维度指标,最下层为方案层(指标层):包含45个具体指标(图5-2)。

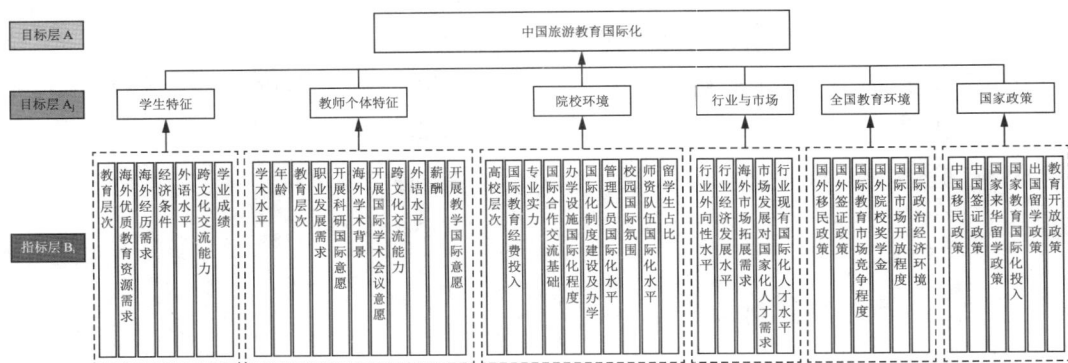

图 5-2 中国旅游高等教育国际化影响因素层次结构模型

(二)构建两两成对比较矩阵

根据初步构建的中国旅游高等教育国际化影响因素模型,采用问卷调查的方式对影响旅游高等教育国际化不同准则层以及同一准则指标体系的重要性进行比较。本章节发放对象主要是各高校38名专管国际化教育或涉及旅游国际化教育的行政管理人员和教师,他们一直专注于国际化管理与教育,对于国际化发展影响因素有更深刻的认识,使得问卷更具有典型性和代表性。

在进行重要性判断时,采用 Saaty 创建的 1～9 标度,如表5-1所示。初步构建准则层 Aj(表5-2)与指标层 Bi(表5-3)的两两判断矩阵。

表 5-1 成对矩阵判断标准

成对比较标准	定义	成对比较标准	定义
a/b = 1	a 较 b 同等重要	a/b = 1/3	a 较 b 稍微不重要
a/b = 3	a 较 b 稍微重要	a/b = 1/5	a 较 b 相当不重要
a/b = 5	a 较 b 相当重要	a/b = 1/7	a 较 b 明显不重要
a/b = 7	a 较 b 明显重要	a/b = 1/9	a 较 b 绝对不重要
a/b = 9	a 较 b 绝对重要		

表5-2 准则层判断矩阵

准则层 Aij	A1	A2	A3	A4
A1	a11	a12	a13	a14
A2	a21	a22	a23	a24
A3	a31	a32	a33	a34
A4	a41	a42	a43	a44

表5-3 指标层判断矩阵

准则层 Bij	B1	B2	B3	B4
B1	b11	a12	a13	b14
B2	b21	b22	b23	b24
B3	b31	b32	b33	b34
B4	b41	b42	b43	b44

（三）层次单排序以及一致性检验

以准则层判断矩阵（表5-2）为例，对其权重以及一致性检验原理进行阐述。首先，采用每列元素除以该列元素之和的方式对 A 矩阵进行归一化处理得到矩阵 A1：$alj / \sum_{j=1}^{4} alj$。其次，对 A1 矩阵求特征向量 V，在对特征向量 V 进行归一化处理得到准则层 4 个指标权重 W。指标权重可能存在非有效性，对其进行一致性检验。通过计算矩阵 A 最大特征根 $\lambda_{max} = \dfrac{\sum(AW)}{nW_i}$，判断矩阵 A 的一致性检验 $CI = \dfrac{\lambda_{max} - n}{n - 1}$，由于一致性检验受到影响因素数量的影响，导致各影响因素重要性减弱，因此为避免上述影响，引入平均随机一致性指标，如表5-4所示（Random Index, RI），通过一致性比率 $CR = CI/CR$ 是否小于 0.1 来判断。

表5-4 平均随机一致性指标

阶数	1	2	3	4	5	6	7	8	9	10	11
RI	0	0	0.58	0.90	1.12	1.24	1.32	1.41	1.45	1.49	1.52

为确保准确了解目前中国旅游高等教育国际化各影响因素的重要程度，减少系统以及非系统性因素，根据上述算法原理采用 yaahp 软件对收集 8 份行政管理人员和教师各自的各个判断矩阵进行单层排序和一致性检验。

（四）层次总排序以及一致性检验

综合排序有专家结果权重加权几何平均、专家结果权重加权算术平均、专家判断矩阵加权几何平均、专家判断矩阵加权算术平均 4 种算法，分为结果加权（前 2 种）和判断矩阵集结(后 2 种)两类。结果加权是先分别计算各个专家的各个判断矩阵,再得到排序权重之后,对其进行加权几何或算术平均,得到一个标准下多个判断矩阵,最后根据其进行总排序权重。而判断矩阵加权直接对判断矩阵中原始重要性数值进行加权结合或算术平均,得到一个综合性标准下判断矩阵,最后根据其进行综合排序。上述两类算法均是对所有专家数据进行加权后统一得出总排序权重,不同之处在于前者对于排序权重加权,而后者直接对于初始元素进行加权,由于后者在确保各个专家判断矩阵一致性前提下,又对其元素进行加权平均,导致新出现各个判断矩阵又存在是否一致性问题,并且不能保证新判断矩阵的互反性。因此本研究选择结果加权算法,对于几何和算术平均差别不大,综上选取专家结果加权几何平均。

(五)影响因素重要性结果分析

(1)一级指标影响因素分析。

为对各位专家不同指标层次得出综合排序结果,需根据上述群决策集结方法采用专家结果加权几何平均公式判断其总一致性检验结果。准则层各要素权重及一致性检验结果如表 5-5 所示。

表 5-5   准则层各指标权重、一致性检验及排名

目标层	一级指标	权重	λ_{max}	CI	RI(阶数)	CR = CI/RI	排序
中国旅游高等教育国际化影响因素		1	6.564 5	0.111 8	1.260(6)	0.088 7	
	学生特征	0.318 3	7.597 8	0.099 6	1.360(7)	0.073 3	1
	教师个体特征	0.173 9	12.478 6	0.147 9	1.520(11)	0.097 3	3
	院校环境	0.257 0	11.320 5	0.146 7	1.490(10)	0.098 5	2
	国家政策	0.037 1	6.389 5	0.077 9	1.260(6)	0.061 8	6
	行业与市场	0.082 3	5.419 7	0.104 9	1.120(5)	0.093 7	5
	全球国际教育环境	0.131 3	6.616 2	0.123 2	1.260(6)	0.097 8	4

在涉及影响中国旅游高等教育国际化微观、中观以及宏观方面的 6 个一级因素中,相比中观和宏观因素,微观因素更能影响中国旅游高等教育国际化发展,得出此结论可能是与本研究调查对象有关。行业市场、国家政策乃至全球国际教育环境均是从战略高度或现实角度出发,提出亟需培养旅游国际化人才的现实需求,具体实践需要各个院校、教师、学生等微观层面共同努力,本研究研究对象从这三方面出发,虽然国际化战略需求很重要,但相比实践,更认为微观实践者更为重要。

具体而言,学生个人特征、院校环境和教师个人特征等微观因素排名前三名,权重均在 0.17~0.32 之间。前两者相比第三者更为重要,权重在 0.2 以上。其中学生个人特征影响程度最大。学生作为旅游高等教育国际化“引进来”“走出去”等多种形式的主体,其经济条件、跨文化交流能力以及出国意愿是影响旅游高等教育国际化的主要因

素。院校环境、教师特征作为旅游国际化载体与传播主体，是一种辅助手段，通过培育国际化旅游人才来实现旅游高等教育国际化，因此学生个人特征更为重要。国家政策、行业与市场及全球国际教育环境排名后三名，权重依次由小到大。国家政策以及全球国际教育环境为旅游国际化人才流动提供吸引力，行业与市场为旅游国际化人才提供现实需求以及提升旅游人才竞争力，均是一种目标或理念，相对来说对于中国旅游高等教育国际化实际发展影响较弱。

（2）二级指标影响因素分析。

为清晰了解各二级指标对中国旅游高等教育国际化发展的重要程度，得到45个二级指标综合权重及排名，如表5-6所示。

表5-6 指标层各因素权重以及排名

二级指标	权重	排名	二级指标	权重	排名	二级指标	权重	排名
学生经济条件	0.133 8	1	国外签证政策	0.024 2	16	国际教育市场竞争程度	0.013 0	31
国际化制度建设及办学理念	0.057 4	2	留学生占比	0.023 4	17	高校层次	0.012 4	32
学生教育层次	0.053 9	3	学生跨文化交流能力	0.022 9	18	国际教育经费投入	0.010 7	33
国外院校奖学金	0.050 7	4	国际教育市场开放程度	0.021 6	19	教师跨文化交流能力	0.010 6	34
校园国际氛围	0.035 6	5	行业现有国际化人才水平	0.020 4	20	市场发展对国家化人才需求	0.008 6	35
管理人员国际化水平	0.035 4	6	国际合作交流基础	0.019 9	21	教师开展国际学术会议意愿	0.007 3	36
师资队伍国际化水平	0.033 2	7	教师开展科研国际意愿	0.019 3	22	中国签证政策	0.007 1	37
行业经济发展水平	0.033 2	8	国际政治经济环境	0.015 8	23	中国移民政策	0.006 3	38
教师外语水平	0.029 9	9	办学设施国际化程度	0.015 4	24	国外移民政策	0.005 9	39
学生海外优质教育资源需求程度	0.029 1	10	海外市场拓展需求	0.014 5	25	教师年龄	0.005 8	40
教师教育层次	0.027 9	11	教师学术水平	0.014 2	26	行业外向性水平	0.005 6	41
学生学业成绩	0.027 8	12	教师海外学术背景	0.014 2	27	教师薪酬	0.004 1	42
教师开展教学国际意愿	0.026 7	13	国家来华留学政策	0.013 9	28	国家教育国际化投入	0.003 7	43
学生外语水平	0.025 4	14	教师职业发展需求	0.013 8	29	出国留学政策	0.003 6	44
学生海外经历需求	0.025 4	15	专业实力	0.013 6	30	教育开放政策	0.002 5	45

学生经济条件、教育层次及国外院校奖学金等经济因素排名最靠前,分别位于第1、3、4名。旅游高等教育国际化表现形式多样,推动旅游人才留学事业是重要的形式之一。无论是来华留学生还是出国留学生,留学的经济成本是其首要考虑问题,虽可以通过选派生或中国政府奖学金等形式留学,但是毕竟是少数,也只能提供基本的学业经费,对于生活费用还需大量经济实力支撑。要想实现旅游高等教育国际化水平更高层次发展,亟待加大经济扶持。学生海外优质资源需求程度、海外经历需求等动机因素以及学业成绩、外语水平、跨文化交流等能力因素排名相对靠前,均在10～20名之间。在客观经济实力满足后,学生动机因素相较于能力因素更为重要。

国际化制度建设及办学理念、校园国际化氛围、管理人员及教师团队国际化发展等院校理念排名较靠前,分别位于2、5、6、7名。院校国际化制度建设以及办学理念是院校发展旅游国际化的行动纲领,只有明确并及时更新国际化发展理念,才能将旅游高等教育置身于国际化发展的大环境,院校、教师、学生才能够深化对国际化发展的理解,不仅具备国际意识,而且能够将意识和理念落实在自己的行动中。上至院校领导、行政管理者,下至教师、学生,只有树立正确旅游国际化发展理念,才能更好地提升旅游国际化水平。

中国签证政策、移民政策、国家教育经费投入等国家政策因素排名靠后,均在35名之后。而国际教育市场开放程度、国际政治经济环境、国际教育市场竞争程度等全球国际教育环境因素排名相对居中,大都在20～31名之间。其中国外签证政策权重为0.024 2,排名16,而国内外移民政策和中国签证政策均在35名之后,侧面反映出中国旅游高等教育国际化水平较弱,对来华留学生的吸引力较小,而出国留学生更看重签证政策的便利性。

5.2 中国旅游高等教育国际化影响因素有效性检验

5.2.1 描述性分析与差异性检验

(一)学生个体特征

学生样本教育层次以本科为主,共109人,占比为61.60%,其次分别是专科,42人,占比23.70%;硕士22人,占比12.4%;博士4人,占比2.3%。学生所在的院校层次以普通本科院校及部属/省属重点院校为主,分别占比42.4%、36.2%,专科院校与高等院校数量较少,分别占比15.8%、5.6%(图5-3)。

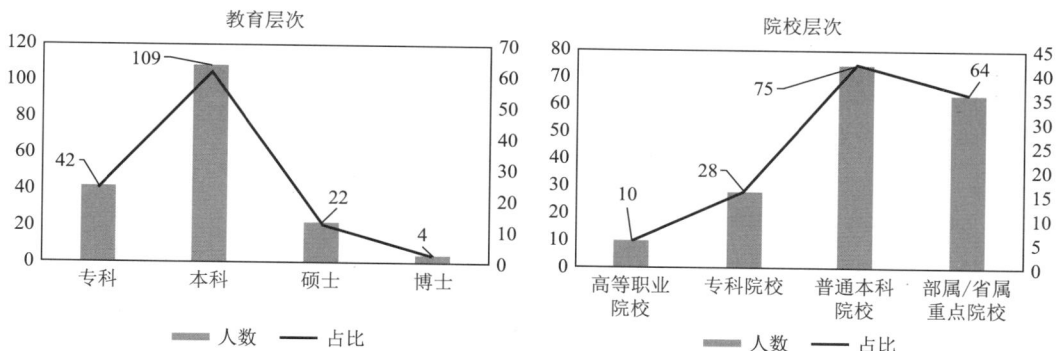

图 5-3　学生教育信息

（二）学生旅游高等教育国际化实践分析

（1）描述性分析。

本研究应用 SPSS25.0 软件通过简洁的图表形式对学生样本数据进行整理，对问卷中学生的个人信息及学生参与旅游高等教育国际化的情况进行分析。

从图 5-4 学生参与旅游高等教育国际化现状可以看出我国旅游高等教育国际化仍然处于初级阶段，整体水平低，"引进来"是该阶段的主要内容，引入优质资源以提升国际化水平，包括举办或承办国际学术会议、开展学术报告等活动提高旅游教育国际化水平以及学生的参与度，但参与国际学术会议的学生仅占 6.8%，听取过国境外专家学术报告的学生占比 17%，相较于举办国际学术会议，邀请国境外专家入境开展学术报告，学生参与度较高，但二者在国内开展并不充分，发展空间与潜力很大。87% 的学生参与过 1～2 门外语课程，仅有 2.8% 的学生尚未接触外语课程，表明国内院校在外语课程方面发展较为充分；"走出去"相较于"引进来"发展程度低，主要形式为旅游院校通过与国外院校合作进行项目调研，激励国内专家学者出国与一流学校的教师沟通交流，并为学生提供留学与实习的机会，从图中可以看出，参与调研的学生只有 5 人参与国内外院校合作的教学项目，占比 2.8%，且仅有 7.9% 具有与教学无关的海外经历，涉及的学生数量少；在国际期刊与会议上发表过论文的学生占比为 3.4%。结合表 5-7 可知，发表论文者教育层次基本为博士，可知博士研究生学术国际化水平较高，为旅游高等教育国际化发展做出了较大贡献。

（2）差异性分析。

学生的海外经历情况及是否参加过国际合作教学项目两个题项的选项属于无序分类变量，同时理论数 <5 的单元格数占比超过 20%，因此选择 Fisher 精确检验研究学生的教育层次及所在院校层次在这两个方面的差异性。

105

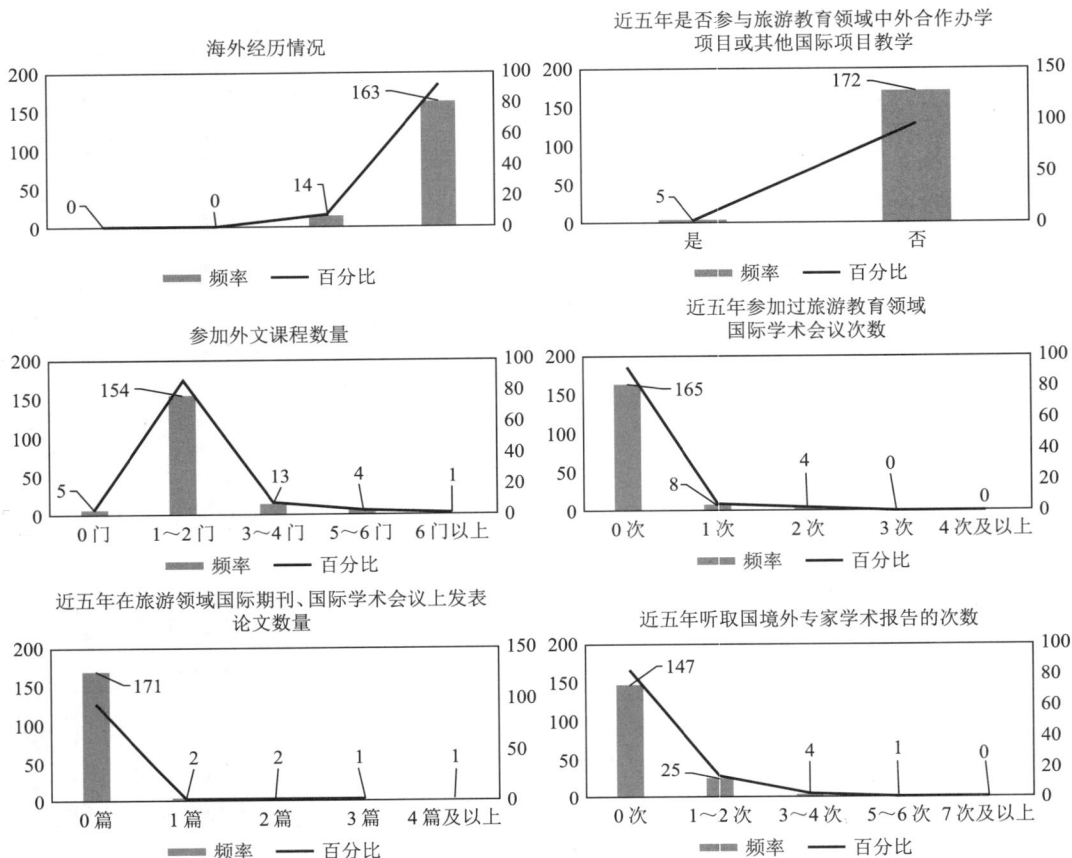

图 5-4　学生参与旅游高等教育国际化现状

根据表 5-7，Fisher 精确检验结果可以看出海外经历情况在教育层次及院校层次均无显著性(精确显著性 >0.05)，表明不同的教育层次及院校层次在海外经历情况没有较大差异，不会对其产生较大影响，参加国际教学合作项目在教育层次及院校层次均具有显著差异，具体差异如表 5-8，教育层次为专科的学生在调研对象中占比 23.7%，但参加过国际教学合作项目的学生人数却占比达 80%，而教育层次为本科的学生虽占比达 61.6%，但被调研本科对象未有参加过国际教学合作项目的学生，二者差异较大；由表 5-9 可知高等职业院校与专科院校在被调研对象中占比约为 20%，但其学生参加国际教学合作项目占比达到 60%，其次为重点院校，参与人数占比 40%，结合二表可知，国际教学合作项目的参与者大多为专科生，以及在高等职业院校及专科院校开展，其次为部属/省属重点院校及在其就读的研究生，普通本科院校的本科生参与度最低，同时间接表明普通本科院校国际化教育合作程度低，合作教学项目开展数量少。

参加外文课程、国际学术会议、发表国际期刊论文以及听取国外专家学术报告等四个题项的样本数据为有序分类变量，为了比较各个教育及院校层次在这四个方面的差异，选择非参数检验来比较学生参与旅游高等教育国际化水平是否随着教育及院校层次的升级而不断升高。

表 5-7　教育层次、院校层次在海外经历、参加中外合作办学或国际教学
合作项目与否的 Fisher 检验

	值	精确显著性（双侧）
教育层次与海外经历情况	2.965	0.365
教育层次与是否参加过中外合作办学或国际教学合作项目	10.181	0.010
院校层次与海外经历情况	4.686	0.159
院校层次与是否参加过中外合作办学或国际教学合作项目	6.717	0.041

表 5-8　教育层次与参加中外合作办学或国际教学合作项目与否交叉表结果

	专科	本科	硕士	博士	合计
占比	23.70%	61.60%	12.40%	2.30%	100%
是	80.00%	0.00%	20.00%	0.00%	100%
否	22.10%	63.40%	12.20%	2.30%	100%

表 5-9　院校层次与参加中外合作办学或国际教学合作项目与否交叉表结果

	高等职业院校	专科院校	普通本科院校	部属/省属重点院校	合计
占比	5.60%	15.80%	42.40%	36.20%	100%
是	20.00%	40.00%	0.00%	40.00%	100%
否	5.20%	15.10%	43.60%	36.00%	100%

　　由表 5-10 可知，在旅游高等教育国际化发展过程中，在旅游领域国际期刊或国际学术会议上发表论文的数量及听取境外专家学术报告的次数在学生不同教育层次上存在显著差异（渐进显著性 <0.05）。不同教育层次之间的具体差异如表 5-11 与表 5-12 所示，近五年内在国际期刊、国际学术会议上发表论文的数量及听取境外专家学术报告方面，博士生参与度均高于专科、本科及硕士生（调整显著性 <0.05），博士生在旅游高等教育国际化表现突出，表明博士生在学习过程中使用外语进行学习的能力较强以及参与国际学术的程度较高，并在听取国境外专家学术报告方面积极性较高，能够积极与专家进行国际化学术交流，及时了解国外学术发展前沿，不断提升自身学术国际化水平。

表 5-10　克鲁斯卡尔-沃利斯检验统计结果

	克鲁斯卡尔-沃利斯 H（K）	自由度	渐进显著性
参加外文课程数量	5.380	3	0.146
近五年参加过旅游教育领域国际学术会议次数	5.674	3	0.129
近五年在旅游领域国际期刊、国际学术会议上发表论文数量	31.949	3	0.000
近五年听取国境外专家学术报告次数	27.421	3	0.000

表 5-11　不同教育层次在旅游领域国际期刊、会议上发表论文数量差异性结果

	检验统计	标准误	标准检验统计	显著性	调整显著性
本科-专科	1.314	2.917	0.45	0.653	1.000
本科-硕士	−7.161	3.755	−1.907	0.056	0.339
本科-博士	−44.456	8.178	−5.436	0.000	0.000
专科-硕士	−5.847	4.228	−1.383	0.167	1.000
专科-博士	−43.143	8.409	−5.133	0.000	0.000
硕士-博士	−37.295	8.732	−4.271	0.000	0.000

表 5-12　不同教育层次听取国境外专家学术报告次数差异性结果

	检验统计	标准误	标准检验统计	显著性	调整显著性
专科-本科	−0.729	6.062	−0.120	0.904	1.000
专科-硕士	−16.780	8.785	−1.910	0.056	0.337
专科-博士	−83.292	17.466	−4.769	0.000	0.000
本科-硕士	−16.052	7.801	−2.058	0.040	0.238
本科-博士	−82.563	16.993	−4.859	0.000	0.000
硕士-博士	−66.511	18.143	−3.666	0.000	0.000

（三）学生对旅游高等教育国际化现状评价分析

（1）描述性分析。

大部分院校通过与海外院校多维度、多层次的合作实现培养高素质复合型人才的目标，培养学生的国际化思维，扩展学生国际化视野，为学生提供跨文化交流环境，65.5%的学生对自身与国际学生交流情况评价表现为积极状态，12.4%的学生则表示出不满意，表明各院校在推动国内学生与国际学生交流方面表现较好，但仍需持续创造良好的交流环境来提升部分学生在该方面的满意度，与发达国家及海外知名院校保持稳定合作，保证高质量留学生进入国内院校学习，设置共同的课程，举办集体活动促进国内学生与国际学生的文化与教育交流。学生在对本校师生参与旅游教育国际交流合作积极性评价偏低，72.9%的学生对本校师生的积极性持消极态度，表明师生参与旅游教育国际化发展的意愿较低，而学生是教育国际化的主体，学校需要通过提供师生国际交流机会来提升师生的积极性，实现培养国际化人才的目标。36.7%的学生在参与旅游高等教育国际化目标和规划中积极性较高，因此不仅要满足积极参与国际化发展学生的国际化需求，也要充分听取该部分学生对教育国际化发展的看法，听取他们的建议，同时通过多种形式活跃校园国际化氛围，建立丰富的国际化课程体系、开展国际学术与科研合作与交流、建设国际化的办学环境等调动持有消极态度的学生参与进来。

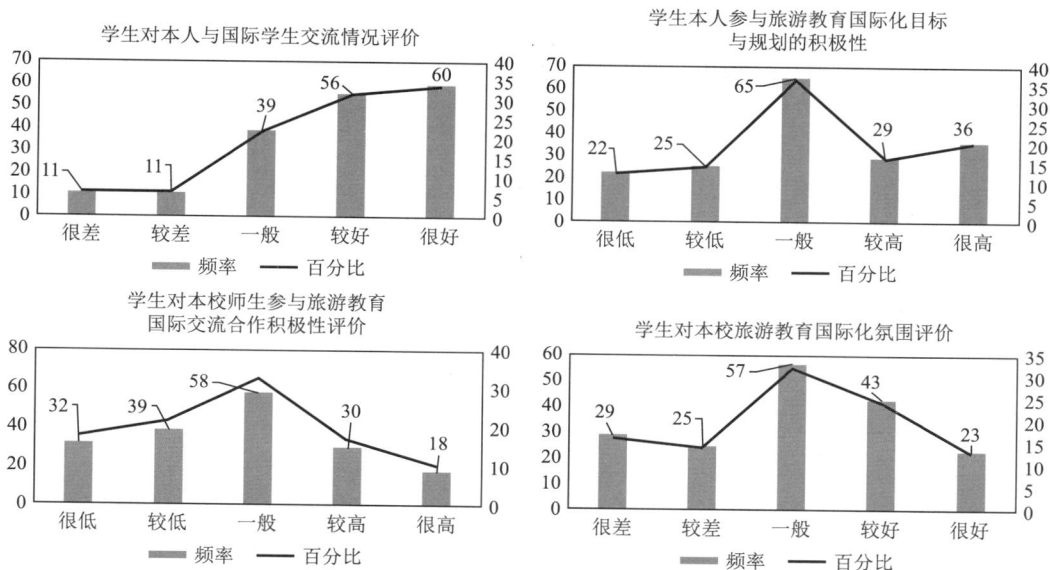

图 5-5 学生对旅游高等教育国际化现状评价

（2）差异性分析。

单因素方差分析是通过比较同一指标在不同组别均值差异来探究组别之间是否存在差异及差异显著性，使用单因素方差分析对不同教育及院校层次学生对旅游高等教育国际化现状相关表现评价的差异性进行研究。

从表 5-13 和表 5-14 单因素方差检验及多重比较结果可以看出，不同教育层次学生在旅游高等教育国际化现状评价四个题项中，在参与国际化目标和规划积极性及对师生参与国际化积极性方面不存在显著性差异，因此不展开分析。就与国际学生交流而言，发现专科生的评价低于本科生，不同院校层次中，专科院校的学生在于国际学生交流方面也与普通本科院校存在显著差异，因此专科院校需要进一步落实留学生教育政策，提高专科生在该方面的参与及评价。在评价校园国际化氛围方面，本科生、硕士生均高于专科生，进一步说明对于专科生来说，国际化旅游教育国际化普及度低。

表 5-13　不同教育层次学生与国际学生交流情况评价多重比较结果

教育层次（I）	教育层次（J）	平均值差值（I-J）	标准误	显著性
专科	本科	−.496*	0.207	0.017
	硕士	−0.024	0.299	0.937
	博士	−1.024	0.595	0.087
本科	专科	0.496*	0.207	0.017
	硕士	0.472	0.266	0.077
	博士	−0.528	0.579	0.364

教育层次（I）	教育层次（J）	平均值差值（I-J）	标准误	显著性
硕士	专科	0.024	0.299	0.937
	本科	−0.472	0.266	0.077
	博士	−1.000	0.618	0.108
博士	专科	1.024	0.595	0.087
	本科	0.528	0.579	0.364
	硕士	1.000	0.618	0.108

表 5-14　不同教育层级学生对本校旅游教育国际化氛围评价多重比较结果

教育层次（I）	教育层次（J）	平均值差值（I-J）	标准误	显著性
专科	本科	−0.519*	0.225	0.022
	硕士	−0.654*	0.326	0.047
	博士	−0.631	0.649	0.332
本科	专科	0.519*	0.225	0.022
	硕士	−0.135	0.290	0.642
	博士	−0.112	0.631	0.859
硕士	专科	0.654*	0.326	0.047
	本科	0.135	0.290	0.642
	博士	0.023	0.674	0.973
博士	专科	0.631	0.649	0.332
	本科	0.112	0.631	0.859
	硕士	−0.023	0.674	0.973

表 5-15　院校层次与国际学生交流情况多重比较结果

院校层次（I）	院校层次（J）	平均值差值（I-J）	标准误	显著性
高等职业院校	专科院校	0.143	0.420	0.986
	普通本科院校	−0.540	0.384	0.496
	部属/省属重点院校	−0.281	0.388	0.887
专科院校	高等职业院校	−0.143	0.420	0.986
	普通本科院校	−0.683*	0.252	0.037
	部属/省属重点院校	−0.424	0.258	0.358
普通本科院校	高等职业院校	0.540	0.384	0.496
	专科院校	0.683*	0.252	0.037
	部属/省属重点院校	0.259	0.194	0.543

院校层次（I）	院校层次（J）	平均值差值（I-J）	标准误	显著性
部属/省属重点院校	高等职业院校	0.281	0.388	0.887
	专科院校	0.424	0.258	0.358
	普通本科院校	−0.259	0.194	0.543

5.2.2 基于因子分析法的有效性检验

（一）问卷信效度检验

为了保证问卷的合理性与科学性，在对问卷回收的有效数据进行分析之前，需要对问卷进行信度分析，本研究通过 SPSS25.0 对学生认为可能会对旅游高等教育国际化产生影响的因素进行信度分析，使用 Cronbach 的一致性系数 α 值，而要保证问卷测量的质量，α 值需要 >0.7，在编写调查问卷时，对影响因素的维度进行了主体的划分，主要为学生、院校、行业及国家与全球教育环境层面四个维度，各维度影响因素的信度分析如表 5-16 所示，各维度影响因素的 α 值均 >0.7，表明旅游高等教育国际化影响因素量表内题项具有较高的一致性。

表 5-16　各维度影响因素信度分析

	Cronbach's Alpha	基于标准化项的 Cronbach's Alpha	项数
学生维度	0.893	0.893	7
院校维度	0.945	0.945	10
行业维度	0.936	0.936	5
国家及全球教育维度	0.945	0.945	12
量表整体	0.972	0.972	35

影响因素量表效度分析通过 KMO 值来测量，效度分析用于分析同一指标内各题项的内部一致性，KMO 值越大，效度越高。通过对样本数据效度分析，表 5-17 显示各维度及量表整体的 KMO 值均 >0.8，且显著性概率 Sig 均为 0.000<0.01，表明该量表的效度很高。

表 5-17　原始量表 KMO 测度和巴特利特球形检验

	KMO 测度	巴特利特球形度检验		
		近似卡方	自由度	显著性
学生维度	0.873	669.783	21	0.000
院校维度	0.927	1 505.863	45	0.000
行业维度	0.887	740.466	10	0.000

	KMO 测度	巴特利特球形度检验		
		近似卡方	自由度	显著性
国家及全球教育维度	0.940	1 574.074	66	0.000
量表整体	0.952	5 570.334	595	0.000

（二）因子分析结果

运用因子分析对样本数据指标项进行浓缩与简化，提取包含主要信息的题项，对问卷进行信效度检验之后，对影响因素进行因子分析，得到旋转后的因子负荷矩阵，如表5-18所示。根据每个因子内的各项指标因子载荷需要 > 0.5，每个因子包含的指标项不小于 3 个，各题项的因子载荷与交叉载荷差值 < 0.2 的要求及具体研究维度对题项进行取舍，保留题项 A1、A2、A3、B1、B2、B3、B4、B5、C1、C2、C3、C4、C5、D1、D2、D3、D4、D7、D8、D9、D10。

表 5-18　原始量表旋转后的因子载荷矩阵

	因子				
	1	2	3	4	5
D8	0.811	0.069	0.219	0.091	0.016
D7	0.789	0.049	0.051	0.157	0.284
D4	0.738	0.371	0.233	0.063	0.085
D1	0.703	0.034	0.200	0.131	0.316
D9	0.694	0.133	0.129	0.232	0.162
D3	0.679	0.252	0.229	0.154	0.299
D2	0.672	0.173	0.347	0.168	0.183
D10	0.653	0.302	0.381	0.196	−0.072
D6	0.588	0.467	0.411	0.155	−0.065
D12	0.555	0.302	0.434	0.210	0.041
D5	0.528	0.357	0.465	0.266	−0.058
D11	0.521	0.441	0.490	0.072	−0.069
B4	0.162	0.765	0.316	0.168	0.264
B2	0.230	0.724	0.409	0.141	0.212
A6	0.237	0.722	0.198	0.404	0.003
B5	0.190	0.689	0.313	0.214	0.348
B3	0.194	0.677	0.379	0.323	0.178
B1	0.201	0.676	0.249	0.200	0.318
A4	0.220	0.599	0.038	0.470	0.017

	因子				
	1	2	3	4	5
A5	0.145	0.582	0.222	0.412	−0.018
B6	0.156	0.549	0.394	0.149	0.513
C4	0.238	0.257	0.801	0.237	0.049
C2	0.334	0.210	0.749	0.198	0.190
C1	0.271	0.269	0.747	0.076	0.310
C3	0.302	0.319	0.705	0.168	0.219
C5	0.364	0.268	0.695	0.177	0.002
B8	0.236	0.391	0.536	0.148	0.435
B10	0.238	0.260	0.531	0.395	0.320
A3	0.187	0.280	0.134	0.771	0.073
A2	0.196	0.317	0.187	0.743	0.091
A1	0.207	0.158	0.354	0.734	0.133
A7	0.186	0.342	0.105	0.505	0.325
B7	0.395	0.256	0.127	0.127	0.703
B9	0.219	0.224	0.547	0.228	0.569

　　把二次量表保留的 22 个影响因素继续进行 KMO 测度及巴特利特球形检验,结果如表 5-19 所示。KMO 测度值为 0.942,>0.9,且巴特利特球形检验显著性概率是 0.000<0.01,意味着删除题项之后,样本数据能够继续接受因子分析。如表 5-20 所示,保留的 22 个题项被划分为学生、院校、行业、国家四个维度,且每个因子下题项的因子载荷值符合因子分析的要求,各因子下的题项与该因子是显著相关的,且各题项之间具有高度一致性,因此该维度划分是合理的。

表 5-19　二次量表 KMO 测度和巴特利特球形检验

	KMO 测度	巴特利特球度检验		
		近似卡方	自由度	显著性
学生维度	0.719	235.961	3	0.000
院校维度	0.907	753.599	10	0.000
行业维度	0.887	740.466	10	0.000
国家及全球教育维度	0.919	893.112	28	0.000
量表整体	0.942	3 113.145	210	0.000

表 5-20　二次量表旋转后的因子载荷矩阵及累计解释方差变异量

		因子				累计方差解释量
		1	2	3	4	
国家及全球教育维度	D7	0.827				23.940%
	D8	0.810				
	D1	0.743				
	D4	0.730				
	D9	0.718				
	D3	0.697				
	D2	0.678				
	D10	0.604				
院校维度	B4		0.825			43.681%
	B2		0.783			
	B1		0.776			
	B5		0.772			
	B3		0.751			
行业维度	C4			0.824		63.154%
	C2			0.783		
	C1			0.764		
	C3			0.744		
	C5			0.715		
学生维度	A2				0.815	75.284%
	A3				0.779	
	A1				0.765	

（三）验证性因子分析

验证性因子分析用于检验潜变量与检验变量之间的拟合关系,同时检验量表数据效度,上文通过因子分析在学生、院校、行业、国家因子下的各指标项进行取舍,确定了潜变量与检验变量之间的关系,该部分则对二次量表进行效度检验。验证性因子分析拟合指数标准如表 5-21 所示,通过 Amos 软件实现。

表 5-21　验证性因子分析拟合指标

χ^2/df	RMSEA	NFI	RFI	IFI	CFI
<3	<0.1 接受, <0.05 更好	>0.85, >0.9 更好	>0.85, >0.9 更好	>0.85, >0.9 更好	>0.85, >0.9 更好

由表 5-22 可知,χ^2/df 为 1.962,<3,RMSEA 值为 0.072,<1,但与 0.05 差距较大,

NFI、RFI 值分别为 0.893、0.877,模型拟合效果不是非常理想,需要进一步对模型进行修正后再次进行拟合检验。根据 Amos 给出的修正指数,增加 e6 与 e7、e18 与 e19、e18 与 e20、e19 与 e20、e17 与 e19 的共变关系,如图 5-7 所示,对修改后的模型进行再次拟合指标计算结果如表 5-23 所示,6 个拟合指标的变化表明修正后的模型拟合效果有明显提升,NFI、RFI、IFI、CFI 值均有增长,χ^2/df 降至 1.633,RMSEA 值降为 0.060。

表 5-22 影响因素验证性因子分析拟合指标结果

χ^2/df	RMSEA	NFI	RFI	IFI	CFI
1.902	0.072	0.893	0.877	0.946	0.946

表 5-23 模型修正后的验证性因子分析拟合指标结果

χ^2/df	RMSEA	NFI	RFI	IFI	CFI
1.633	0.060	0.911	0.895	0.963	0.963

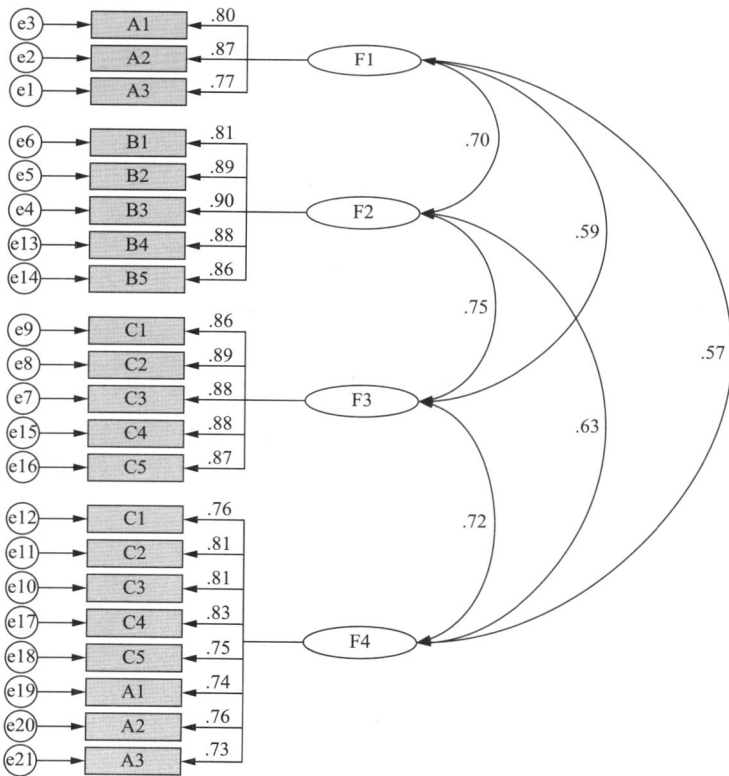

图 5-6 影响因素验证性因子分析模型路径图

为了保证模型的质量,各指标项的因子载荷值需要 >0.5 且 <0.95,由表 5-24 可知,旅游高等教育国际化各影响因素的因子载荷均处于 0.5 至 0.95 之间,表明该量表所包含的影响因素与其因子之间具有较好的适配度,通过表 5-25 可发现,各个因子间具备显

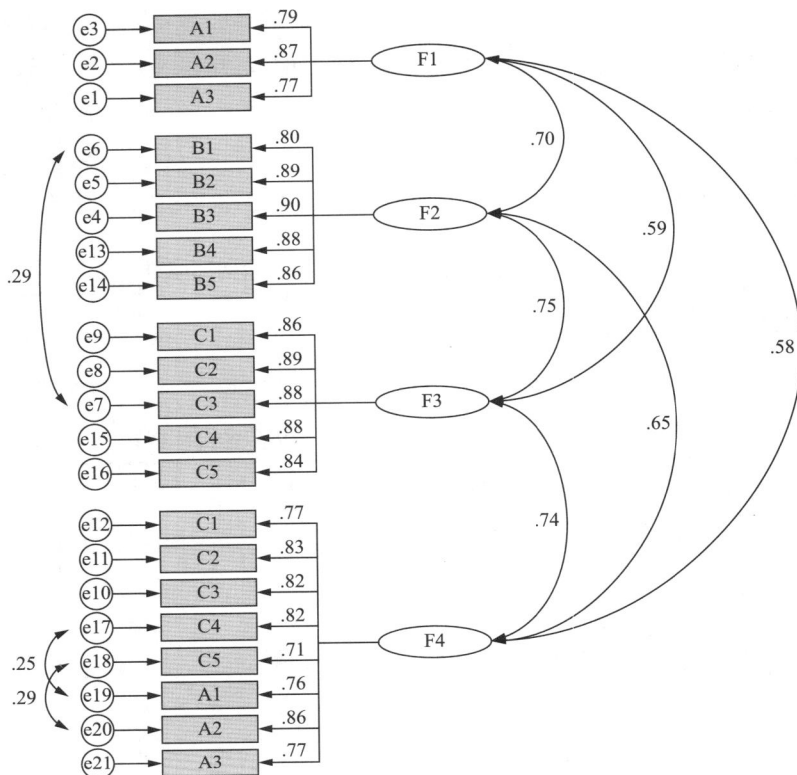

图 5-7　影响因素验证性因子分析模型修正路径图

著相关性,同时相关性系数低于与之对应的 AVE 的平方根,象征着各个潜变量间存在较强的相关性,并且极易区分,量表的效度检验已通过,表明该量表的可信度和科学性较高。学生作为旅游高等教育国际化的主体及储备人才,学生出国留学的动机以及对海外优质教育资源的需求对国际化发展影响较大,学生需要通过海外经历不断进行学术与实践能力的提升,为自身将来的发展奠定基础,和国际化水平提升的意愿而言,学生的学习能力及留学的基础条件的影响较弱,因此未予以保留。

表 5-24　影响因素验证性因子分析聚合效度及组合效度检验结果

	影响因素	因子	因子载荷	AVE	CR
A2	学生对海外经历需求程度	F1	0.775		
A3	学生对海外优质教育资源需求程度	F1	0.875	0.666 1	0.856 5
A1	学生教育层次	F1	0.795		
B3	院校国际化制度及办学理念	F2	0.905		
B2	院校专业实力	F2	0.886		
B1	高校层次	F2	0.803	0.754 7	0.938 9
B4	院校国际化教育经费投入	F2	0.884		
B5	院校师资队伍国际化水平	F2	0.862		

	影响因素	因子	因子载荷	AVE	CR
C3	行业现有国际化人才水平	F3	0.879		
C2	行业外向性水平	F3	0.889		
C1	行业经济发展水平	F3	0.859	0.748	0.936 8
C4	市场发展对国际化人才需求	F3	0.883		
C5	海外市场拓展需求	F3	0.812		
D3	国家来华留学政策	F4	0.817		
D2	中国签证政策	F4	0.829		
D1	中国移民政策	F4	0.765		
D4	国家出国留学政策	F4	0.821		
D7	国外的移民政策	F4	0.706	0.579	0.916 2
D8	国外的签证政策	F4	0.701		
D9	国外院校奖学金政策	F4	0.662		
D10	国际教育开放程度	F4	0.768		

表5-25　影响因素验证性因子分析各因子区分效度检验结果

	F1	F2	F3	F4
F1	0.667			
F2	0.701	0.758		
F3	0.587	0.746	0.748	
F4	0.584	0.654	0.739	0.579
AVE 的平方根	0.816	0.869	0.865	0.761

在院校方面,国际化制度及办学理念具备先导性,只有在树立全球性教育观念基础上才能进行正确合理的国际化实践,院校的专业实力和层次能够提供的软硬件环境能力不同,发展旅游高等教育国际化需要一定的经济条件,在此基础上对国际化发展的经费投入会较大程度的影响旅游高等教育发展进程,拥有一支具备国际教育背景的高素质、专业性旅游教师,才能引领旅游教育向更高的国际化水平发展。行业与市场方面,旅游产业国际化发展要求旅游高等教育培养一批具有国际视野、能力的高素质人才,目前旅游国际化人才缺乏,旅游高校应当紧随产业发展的潮流,为开辟全球市场提供高素质的复合型人才。基于国家和世界教育维度可知,政策支持对于学生正确认识旅游高等教育国际化最为重要,不仅包括国家对学生"走出去"的支持,也包括其他国家政策对学生"引进来"的力度,教育的开放程度使得全球国际学生可以自由流动。

5.3　中国旅游高等教育国际合作模式辨析

除了进行调查问卷和建模实证分析外,本研究还进行了专家和一线负责人访谈的实证调研。访谈内容依据访谈对象不同而有不同内容,一方面通过访谈获取宝贵相关信息,另一方面访谈过程中受启发而进行理念、思路和模式的创新思考及探索。访谈时间跨度八年多时间,主要进行了三类访谈:一是对国内外旅游高等教育知名院校进行调研,包括美国中佛罗里达大学、休斯敦大学、纽约大学,英国萨里大学、考文垂大学;澳大利亚格里菲大学,中国香港理工、香港中文、澳门大学、澳门旅游学院、厦门大学、云南大学、东北财经大学、中山大学等近40所,其旅游/酒管院长教授们访谈旅游管理专业国际化的历史、现状和发展规划、实施策略等,最大限度地吸收成功经验和示范模式,特别是在驻外担任教育领事期间实地调研交流获得很多最新动态和前沿信息;二是利用在教育部国际合作与交流司工作便利,和教育部国际合作与交流司、留学基金委、留学服务中心、中国教育国际交流协会领导和相关处室负责人面对面交流,了解政策信息并听取指导意见,虽部分访谈未能具体细化聚焦到旅游专业上来,但了解获取了工商管理一级学科和人文社会科学领域很多国际合作方面管理信息;三是从事大学国际交流合作工作,对所在学校旅游管理学科国际化持续进行聚焦研究分析,所掌握得一线实地信息对于探究旅游高等教育国际合作模式、提出创新发展路径颇有帮助。

经上述访谈研究,我们发现在全球一体化的大环境下,旅游高等教育愈发开放。结合各高校的实际特征,探索多元化的中外合作模式为旅游高等教育国际化的必经之路,是提升学校国际化水平、实现高质量发展最直接的途径之一。目前,我国旅游高等院校通常采用移植模式、嫁接模式、海外实习、走出去办学等合作模式同国外高校开展合作。

5.3.1　移植模式

（一）概念

移植模式是指利用中外合资与合作的方式将海外旅游高等教育资源"为我所用",实践中常见的形式有独立法人、非独立法人的中外合作办学机构、项目等。此外,另外一种移植模式——专业合作,代表着旅游高等院校选取一个或多个专业同国外旅游高等院校开展合作培育人才。

（二）特点

旅游高等教育国际化的移植模式具有相容性、相通性以及优化性的特征。其中，相容性是指国内、国外旅游高等教育模式之间具有互换、兼容的关系，从而可以在移植过程中避免出现"排异"；相通性是指旅游高等教育模式之间彼此连贯相通；优化性是指以追求高效为目的，通过移植的方式实现逐步优化完善旅游高等教育模式。总体而言，移植模式有着引进国际先进教育理念、管理体制机制、完整课程体系等作用，但也存有一些合作项目移植后存在水土不服、难以融合发展得困难。

（三）实例

对于常见的中外合作办学机构、项目，宁波诺丁汉大学、海南大学亚利桑那州立大学联合国际旅游学院、广州大学中法旅游学院等是典型的独立学院。而例如中旅院与澳大利亚蓝山国际酒店管理学院联合开办的国际酒店管理专业课程便为专业合作类的移植模式。以宁波诺丁汉大学为例，其是由英国诺丁汉大学和浙江万里学院合作举办的跨境高等教育机构，自建校伊始就开展了有机融合、卓有成效的"教"与"学"。该校通过全盘引进英国诺丁汉大学的教材、课程设置、管理体制等，形成与其相同的高等教育运作模式，积极推动了中国高等教育的改革。

5.3.2 嫁接模式

（一）概念

嫁接模式为当前最重要的中外合作办学模式，深受各大旅游高等院校的推崇。通常而言，采用嫁接模式的高校通过"2＋2""3＋1"双学位、"3＋1＋1""3＋2""4＋1"硕士的中外合作办学方式达到国际化的目标。

（二）特点

嫁接模式充分保留了双方各自的教学模式。就现下中国教育现状而言，嫁接模式既可以引进借鉴国际先进教育理念、优质课程体系和师资力量等，又可和现有专业融合发展，达到让师生获益和学科自身发展的双重收益，合作项目容易落地且发展良好，是满足现代化旅游高等教育国际合作的首选，并且其广泛存在于各大旅游高校当中，是提高中国旅游高等教育国际化水平的有效手段。

（三）实例

绍兴文理学院于2010年将会计学、旅游管理等专业与考文垂大学的相关专业课程和教学模式进行了"嫁接"，并通过学分互认、联合培养等方式让普通大学生享受到优质的教育资源。通过"走出去"和"请进来"并行，实施普通的本科专业国际化转型，在潜移默化中树立学生的国际意识，有效提高了高等教育的教学质量。

5.3.3 海外实习模式

（一）概念

海外实习模式，是指高校学生在学习完国内旅游高校设置的理论课程后，前往国外旅游企业开展实践活动。

（二）特点

环境对个体会产生潜移默化的作用，海外实习最为显著的效果是学生感受到实实在在的国外旅游环境，并以切身实践提高旅游本领，掌握适应海外旅游发展的技能，从而成长为国际化旅游专业人才。

（三）实例

海外实习模式通常为订单联合培养，如邮轮、游艇等专业人才培养，适用的范围较窄，往往被应用于旅游职业教育领域，部分高职旅游院校、少数高等院校采用该模式。

在"一带一路"倡议的大背景下，云南旅游职业学院旅游管理学院开展了学生海外学习实习活动。基于"立足长远、紧密协作、优势互补、合作共赢"的原则，通过与泰国、柬埔寨等沿线国家或地区的海外企业签订相关协议，让旅游管理专业的学生通过亲身体验来提升专业能力，有效引导学生培育和践行社会主义核心价值观，提高了学生专业实践能力。

5.3.4 走出去办学模式

（一）概念

走出去办学即境外办学，是指中国旅游高等院校走出去到海外办学，以招收海外当地生源为主，既有在外合作办学也有独立注册办学，以走出去在外合作办学为主。

（二）特点

走出去办学模式主要包括行业企业主导的校企合作、政府统筹主导学校企业参与、高职院校主导的跨境教育三种模式。

行业企业主导的校企合作模式的特点是，通过学校与行业企业抱团出海，有利于得到当地政府支持并获得办学资质和生源保障；基于良好的政商基础和充足的资金与硬件投入，有利于开展海外办学，确保海外办学可持续运转。

政府统筹主导学校企业参与模式的特点是，由政府负责顶层设计，"上下一盘棋"，有力地推动了国内旅游高职院校与海外企业的合作。

高职院校主导的跨境教育模式的特点是具有较高的办学自主权和相对的灵活性，可以与合作院校资源共享、共同发展。

（三）实例

浙江旅游职业学院在俄罗斯莫斯科建立了以"中文＋导游"为教学重点和特色的中俄旅游学院，在塞尔维亚贝尔格莱德建立了以"中文＋烹饪"为教学重点和特色的中塞旅游学院，在意大利帕尔马建立了以"中国烹饪"为教学重点和特色的中意厨艺学院共三所境外办学机构。近年来，尤其以应用类、职业类院校与"一带一路"教育行动相结合走出去办学为主。

5.3.5　混合合作模式

（一）概念

除上述模式以外，各大旅游高校结合自身发展的实际与独特的资源优势设计出多种国际交流合作方式，其中较为常见的有互派教师交流、留学生交换、科研项目合作等，通过创新交流活动方式，让更多的学生与教师取得海外学习交流的机会，并且凝聚多所高校的教研力量，提升旅游学科的综合实力。与此同时，部分高校更是以我为主，为我所用，在保留自身教学特色的同时，学习借鉴西方发达国家的课程体系与教学策略，以此推动高校旅游国际化的实现。

（二）特点

国际合作模式多种多样，且各有所长，但是无论何种模式，均会推动旅游高等教育国际化的实现。在实践中，各大高校均应结合自身的体制机制、教学水平、培育目标等制定与发展相适应的办学模式，加大创新力度，避免生搬硬套。与此同时，中外高校在进行合作培养时，除了通过院校间学分互认转化提高被认可程度和自身教学水平，还应努力促成政府间学历互认，为中国的旅游人才在全球领域内就业提供从业保障。

5.4　本章小结

本章首先从微观、中观及宏观三个层面，识别了院校、教师、学生不同维度下中国旅游高等教育国际化影响因素；其次，利用层次分析法测算了旅游高等教育国际化影响因素的权值，明晰各影响因素的重要性；再次，利用因子分析法，通过信度、效度检验，验证了问卷量表的可信性、有效性，通过验证性因子分析探究了旅游高等教育国际化影响因素的相关性；最后，辨析了中国旅游高等教育国际合作的移植模式、嫁接模式、海外实习模式、走出去办学模式和混合合作模式的内涵与特征。

6

新时代中国旅游高等教育
国际化发展路径

党的二十大报告对旅游业做出了新的要求,也指明了未来的发展方向,这也是旅游业内容首次被列入党的全国代表大会报告中。"旅游"在报告中提到两次,在第八部分"推进文化自信自强,铸就社会主义文化新辉煌"中,提出"坚持以文塑旅、以旅彰文,推进文化和旅游深度融合发展"。在第十三部分"坚持和完善'一国两制',推进祖国统一"中,提出"发挥香港、澳门优势和特点,巩固提升香港、澳门在国际金融、贸易、航运航空、创新科技、文化旅游等领域的地位,深化香港、澳门同各国各地区更加开放、更加密切的交往合作"。学习贯彻落实党的二十大精神,我们要在加强文化自信自强发展的同时,将新时代的旅游业发展与人才培养提上新台阶。

当前,世界之变、时代之变、历史之变正以前所未有的方式展开,技术革命下的产业变革正日新月异,教育数字化转型已势不可挡。全球正处于百年未有之大变局,加之新冠疫情的持续冲击,全球教育开放格局不断变化,合作与冲突成为当今教育发展的主题。在此情况下,开放合作是建设教育强国的必然选择,要准确识变、积极应变、主动求变,以开放的确定性应对外部环境的不确定性,加快形成全方位、多层次、宽领域的教育对外开放格局。我国旅游高等教育国际化的发展亦是如此,应深刻把握新技术革命背景下旅游高等教育发展的动态与趋势,明确新时代中国旅游高等教育面临的新形势新任务新要求,积极探索改革发展创新对策路径,以高水平开放办学推动我国旅游高等教育高质量发展。

6.1 新技术革命背景下旅游高等教育
发展动态与趋势

如果旅游业想要发展,那么新技术就是不可或缺的,新技术在旅游行业的应用正在引发全新的革命。随着新技术的广泛应用,旅游行业越来越具备竞争力,和传统旅游业不同,未来的旅游行业对所需人才的要求更多集中在对新技术的接受和应用能力方面,未来将会更加重视人才的创新意识与能力。受到新技术的影响,旅游行业对人才的需求展现出一种新的形态。

6.1.1 新技术提升旅游人力资本价值

（一）新技术对旅游行业从业人员工作方式的影响

科技的发展让工作场所不再受到限制,将来进行工作时只需要考虑工作内容,而不需要关心工作地点。目前1980年之后出生的旅游行业从业人员已经日渐成为本行业的主力,对他们来说,任何场所、任何时间都可以工作。因为游客可能在世界的任何一个角落,所以为其提供相关服务需要适应顾客的时间和地点要求,AI、VR等新技术的发明与应用,对于提升旅游服务意义重大,这使得该行业对于掌握新技术的具有创新意识的新型人才需求越来越大。

（二）新技术对旅游行业管理者提出新的要求

新技术的发明与使用有效提升了旅游行业管理者的工作效率,给其带来了很大的便利,但是,机遇与挑战并存,他们同样需要应对新技术带来的挑战。他们是时候脱离过去陈旧的思维的束缚,尝试新的管理模式了。首先,要勇于面对新技术带来的挑战,充分认识到新技术将会给本行业带来怎样的改变,让这些新的技术和产品在本行业充分发挥作用,形成新的行业模式;其次,要充分认识到新技术对行业人才的要求,培养出一大批适应本行业需求的掌握新技术的新型人才。

（三）新技术导致旅游人力资源利用模式的变革

当前,新技术导致旅游行业的人力资源利用模式产生了变革。伴随科学技术的飞速发展,新技术日益更新并被广泛应用于生活的方方面面,特别是二代互联网、物联网等被引入之后,人力资源利用在时间和场所方面的局限被突破了。这些新兴技术的使用促使智慧化人力资源整合平台建立起来,大大改善了人力资源工作的成效。尤其是在那些经济不发达的国家以及地区,建立智慧化人力资源整合平台给他们提供了一个机会,去突破人才资源的限制,有利于他们利用全球人才资源满足自身对人才的需要。

（四）新技术导致旅游行业知识管理机制的革新

创新源于知识,对于当前处于新技术背景下的旅游行业来说,知识同样是本行业力图创新的源动力。新技术正在日益更新并且在人们的生活中大范围普及,全新的知识经济时代马上就要到来。在这样的环境下,知识管理机制对于能否充分发挥旅游人力资本作用来说就非常重要了。对于知识管理机制革新来说,新技术的应用成为关键的一步,大数据、云计算等新技术有利于旅游信息的全面搜集和交流,使知识获得、应用和创新的过程更加高效。建立健全知识管理机制,一方面有利于促进旅游产品以及相关服务革新,另一方面有利于管理者实施管理工作,充分实现旅游行业人才的价值,使旅游行业获得长远发展。

6.1.2　新技术改进旅游产品与服务

（一）新技术全面影响旅游产品以及服务

随着科技的爆炸式发展，新技术正在影响人类工作与生活的方方面面。现代人热爱旅游，旅游经成为他们生活中不可或缺的重要组成部分，因此，为了满足现代人日益增长的服务要求，旅游行业更加需要新技术的应用。随着新技术在本行业的广泛运用，旅游业日渐进入一个全新的阶段，目前，酒店预订、机票购买等各种旅游服务中都能看到新技术大显身手，给旅游产品以及相关服务带来极大的影响，导致旅游工作在内容以及程序等方面发生翻天覆地的变化，这必然会在知识技能等方面对相关从业者提出更高的要求。以青岛市的"光影中山路"为例，项目将 AI、VR、区块链等现代化技术融为一体，打造了一个全新的"数字化主题街区景观"，在游客面前呈现出了一个全新的旅游产品，实现了虚拟街区多维度智慧旅游，是在旅游产品上的巨大突破。与此同时，与之相对应的旅游服务，也面临着质的提升与挑战，进一步将线下沉浸式旅游与线上虚拟服务融为一体，实现"城区街道＋现代化科技多媒体＋活动参观巡游"的多维度发展模式，提升游客的吸引力和复游率。

（二）新技术有力更新和提升旅游体验

2016 年，旅游行业将虚拟现实技术引入本行业，试图利用虚拟现实技术来满足游客的信息需求，让他们不论在旅游前，旅游过程中还是旅游结束后，都能获取所需信息的真实体验，大幅度提升他们的体验感。除此之外，实时行程整合技术、新型国际机票搜索技术等都为使用者提供了良好的服务体验。由此可知，新技术必然会在将来游客旅游时为其提供全新的惊艳感受，有利于旅游行业实现服务创新与提升。伴随新技术在旅游行业的广泛应用，旅游企业急需专业人才为其创设一个基于客户需求和应用目的技术平台，对同类型技术的应用效果与收益做出分析和评估。

随着新技术的不断发展与旅游行业的融合，"未来意义"的酒店、景区等系列新体验产品应运而生，大数据等一系列新技术为用户提供了更为精准的旅游服务与相关企业场景呈现。随着新技术的发展和应用，未来的旅游体验将进一步提升游客便捷性和舒适性，将深刻颠覆传统旅游模式。AR、MR 等技术的应用，在多地实现了"旅游＋现代化"的完美融合，将裸眼 3D、智慧出行的技术推上新的发展维度，将老景区赋予了新的时代特点，新技术的应用会使游客拥有不一样的旅行参观体验，打开手机 App 或者景区自带小程序，景区专属虚拟导游就会上线为游客进行介绍和描述，在为游客们提供全程解说陪伴服务的同时，相关以 AR 形式呈现的场景重现也会唤起游客不一样的历史记忆。新技术的应用对于游客而言，不仅可以在游览过程中阅读建筑的"故事"，还可以是实现

"沉浸式"互动,进一步实现虚拟和现实的共生共美。

6.1.3 新技术助推旅游人力资本教育专业培训

（一）新技术代替员工工作,改善旅游人才不足现状

在不久的将来,大数据、虚拟现实等高科技将会普遍应用于旅游行业,必然会替代许多的提供信息服务的工作者的作用,有利于改善当前很多国家,尤其是一些旅游大国相关从业者短缺的现状。自动化未来会在世界范围内掀起狂风巨浪,各行业都会受到波及,包括中国在内的四大经济体会有 2/3 的员工因为自动化技术而失业,接近 80% 的旅行社会被自动化取代。就如我们看到的那样,新技术的出现和应用势必会对旅游行业的人才发展结构造成不同程度的冲击,这背后的含义不仅意味着旅游行业技术发展所带来的技术革新,还推动了旅游行业从业人员在从业方式、工作内容等多维度的变化。总而言之,在新技术发展过程将不断催生新的商业模式,推动旅游产业转型升级,随之改变旅游行业的人才需求结构。

在当前的旅游行业中,智能机器人等自动化技术已经被广泛应用于咨询服务、周边查询等内容中。除了自动化技术,旅游行业已经广泛使用云计算、大数据等高新科学技术。随着全球化进程不断深入,世界各国之间的联系也不断发展,世界旅游消费者之间存在千丝万缕的联系,旅游资源也遍布世界各处,在此基础上,对旅游行业发展的时空要求在不断扩大,新时代的物联网、人工智能等虚拟智能技术应运而生。其背后带来的不仅仅是旅游行业发展水平的逐步提升,更是旅游行业面临着新的机遇与挑战,要求人力资本结构的创新与改善。

（二）培养掌握新技术的旅游人才迫在眉睫

随着新技术的快速发展,人类社会进入知识-文化经济时代,旅游业可持续发展所需人才数量和结构都随之发生变化。与此同时,新兴旅游产业投资也导致人力资源需求大幅增加。新加坡政府与劳动力发展局联合制订了旅游人才培训计划,涵盖对在岗工作者的继续教育与专题培训、针对在校学生的岗前培训以及对准备加入该行业一线人员的快速技能指导,劳动力发展局还为此开发了认证服务专业程序（CSP）,从而提高具备相应工作技能人力资源的数量。新技术引入旅游行业后,该行业的模式受到影响,导致包括旅游产品、旅游服务、营销手段在内的一系列改变随之出现。为了积极应对这些变化,培养高级旅游人才,尤其是培养掌握新技术的行业优质人才就显得额外重要。然而事实是,不论是高等教育或是职业教育,他们在内容、技术等方面都与行业实践脱节,培养出来的人才远远不能满足旅游行业发展的需要。

在新技术背景下,旅游行业对优质人才的要求日益增加,旅游规划设计的核心在于创意。然而,传统的创作灵感往往受到规划设计人员的知识背景、专业水平以及对文脉

和时代把握程度的影响。但虚拟现实技术对技术人才提出了新的要求,在提升旅游行业综合信息环境质量的基础上,要求新技术能帮助和激发进入虚拟境界的参与者的构思与创作灵感,从而使规划方案更具新意。因此,将来进行人才培养时,一方面重视教育内容,做到与时俱进,邀请行业经验丰富、熟悉行业现状的行业专家担任教师,不管在知识还是技能方面都要对学生实施创新教育;另一方面要重视教学技术和手段,充分运用新技术来开展教学,改革教育机制,调动学生学习的积极性和主动性,教会他们自觉运用新技术来完成学习,提高学习的速度,保障学习效果。

6.1.4 新技术赋能旅游高等教育研究数字化转型

前期对当前旅游专业研究问题进行部分回顾和梳理,着重体现普遍的旅游研究的问题和研究方法,进行梳理和总结可以发现当前的研究热点仍聚焦于对管理理论和模式的研究。然而,在新技术背景下,伴随着新技术带来的旅游行业从业人员的从业方式、工作内容等多维度的变化,旅游专业的研究内涵得到扩充。结合新技术的旅游管理模式演变的相关问题,亟待研究人员开展创新性的研究。在此部分,本研究从基于数字孪生的虚实交互技术和智能人机对话技术两个方面,探索和展望新技术对旅游专业相关研究的影响。

（一）数字孪生技术创新旅游专业研究新思路

数字孪生以数字化的方式建立物理实体的多维、多时空尺度、多学科、多物理量的动态虚拟模型来仿真和刻画物理实体在真实环境中的属性、行为、规则等。数字孪生的概念最初由 Grieves 和 Vickers（2017）在美国密歇根大学产品生命周期管理课程上提出,早期主要被应用在军工及航空航天领域。如美国空军研究实验室、美国国家航空航天局（NASA）基于数字孪生开展了飞行器健康管控应用（Glaessgen & Stargel, 2012）。由于数字孪生具备虚实融合与实时交互、迭代运行与优化以及全要素、全流程、全业务数据驱动等特点,目前广泛应用于产品生命周期不同阶段,包括制造（Tao & Zhang, 2017）、服务与运维（Tao 等, 2018）等。

数字孪生,作为解决物理和信息融合绑定问题的关键技术,其首要任务是针对应用场景,创建精确的三维数字孪生模型,该模型的主要组成部分包括物理实体、虚拟实体以及物理实体和虚拟实体之间的连接关系（Grieves & Vickers, 2017）。依据数字孪生技术发展和应用呈现出的新趋势和新需求,创造性地将原始的三维数字孪生模型扩展为新的数字孪生五维模型,具体包含物理实体,虚拟实体,服务,孪生数据以及各部分之间的连接。基于此模型,探索了数字孪生技术在十大领域的应用前景,包括卫星通信,传播,车辆制造,飞机及复杂机电装备制造、立体仓库和智慧城市等方面。目前一些关于数字孪生的研究仍集中在工业应用方面。通过对比分析国内外智慧文旅现状及应用需求,针对桂林智慧文旅服务场景设计搭建、服务模式创新以及智慧交互场景的实现等方面,探讨研究了数字孪生技术结合智慧文旅服务设计的方法和实现路径。这些研究表明,数字孪生技术不仅可在工业应用中发挥作用,也可以丰富旅游专业研究内涵,提出创新性的旅游研究新思路(杨景然,2022)。

(二)智能人机对话技术助理旅游高等教育国家化发展

智能人机对话技术通过人工智能模型实现对人的描述性问题进行准确回复的方法,在目前的研究工作中,ChatGPT是由自然语言处理模型演化而成的一个成熟的智能人机对话应用。ChatGPT是由OpenAI开发的一个大型语言模型,该项目于2018年6月首次宣布,该模型最初在来自互联网的大量文本数据集上进行训练,包括书籍、文章和网站。训练过程使用了无监督学习技术,使模型能够在没有任何来自人类的明确指导或指令的情况下学习语言中的模式和关系。ChatGPT的第一个版本称为GPT-1(Radford等,2018),于2018年6月发布,有1.17亿个参数。这个版本能够执行语言翻译和文本补全等任务,但与后来的版本相比,其功能有限。ChatGPT的后续版本,包括GPT-2(Radford等,2019)和GPT-3(Brown等,2020),分别于2019年和2020年发布。这些模型具有比GPT-1更多的参数(分别为15亿个和1 750亿个),这使得它们能够执行广泛的自然语言处理任务,如语言翻译、问题回答,甚至生成类似人类的文本。时至今日,ChatGPT继续被开发和改进,持续为广泛的问题和查询提供有价值的回答。

ChatGPT的问世,可为旅游高等教育提供强大的辅助功能,不仅可参与到旅游国际化高等教育的教学授课过程中,也可以参与到旅游专业研究过程之中。虽然其具有巨大的研究和应用价值,但也对相关科研人员提出了更高的要求。所以,在未来的旅游高等教育过程中,基于智能人机对话技术的新的教学和科研模式将会受到广泛关注。

6.2 新时代我国旅游高等教育国际化发展的新任务新要求

党的十八大以来,以习近平同志为核心的党中央以巨大的政治勇气和强烈的责任担当,推动党和国家事业发生历史性变革,中国特色社会主义进入新时代。2017年以来,随着百年变局和中美之间世纪博弈的深入演化,经济全球化和逆全球化交织叠加,国际教育环境和全球教育交流合作受到较大的影响,我国外部环境的不确定性骤增。但历史经验表明,改革开放的不断深入,使得我国经济社会得到快速发展,我国目前已成为世界第二大经济体,全球化发展成果深刻影响着当今社会,惠及我们每一个人,教育国际化显著提升了人才素质,加快了人才流动。目前,国际化人才的高质量培养和广泛流动依然是加深理解、管控分歧、合作共赢的重要途径。培养大批德才兼备的高素质国际化人才,是我国实现新常态下经济社会平稳发展的重要人才支撑举措,将对我国创新人才培养、经济社会转型推进国家治理体系和治理能力现代化等方面起到重要作用。如今,中国经济面临新的挑战,随着经济结构进一步转型和升级,国内和国际双循环的时代迫切要求旅游高等教育高质量发展,需要坚持走国际化发展道路,并对发展路径有所创新,为新技术革命和百年变局背景下新的旅游经济形态培养更多国际化人才。

受疫情的影响,全球经济增速放缓,经济格局处在转型和升级当中,以服务国家旅游经济发展为主的旅游高等教育人才培养也随之发生深刻变革。前期旅游高等教育在国际师资的引进、教育教学国际化、学生联合培养、中外合作办学、合作研究、国际学术交流、国际合作平台建设等方面均取得了一定成果。然而,在当前国际政治经济动荡演化和数字经济打破疆界的大背景下,我国旅游高等教育国际化不应局限于以往关注偏重发达国家的国际化人才培养、国际合作模式,应集中选派学生赴海外留学、中外合作办学、接收国外留学生、加强学术交流和合作研究等,还应增强自信,做好中国旅游教育走出去和软实力提升,传播中国旅游高等教育发展成功案例和中国旅游经济发展理论,提供中国方案,贡献中国智慧,提升国际形象,增强国际影响力和话语权。

随着全球疫情防控进入常态化,后疫情时代国际交流与合作逐步转型与于改善,旅游高等教育应继续坚持对外开放,本着合作共赢的中心思想,加强新兴数字教育技术手段的应用,和国际合作形式的创新,提升教师和学生国际交流体验,提高国际前沿学科知识水平,增强国际化视野,并广泛吸纳全球优秀人才,加大教育、文化和价值体系输出推广,不断提高我国旅游高等教育国际竞争力和影响力。以新视角定位旅游高等教育国际化战略,对指导我国旅游高等教育在新时代背景下国际化战略的制定具有较高的理论价值和实践价值。

6.2.1　有效弥补旅游行业人力资本缺口

在新技术背景下,全世界的旅游人力资本表现出如下特点:低端人才供过于求、高端人才供不应求,整体人才短缺,在不久的将来,旅游人力资本将会表现出更加显著的极化效应。

世界旅游业理事会(WTTC)2022 年发布了《旅游业经济影响报告》,预计未来十年旅游业 GDP 将以年均 5.8% 的速度增长,超过全球经济 2.7% 的增长率,达到 14.6 万亿美元,占全球经济总量的 11.3%,其中到 2032 年中国将超越美国,成为全球最大的旅游市场,2032 年中国旅游业 GDP 贡献值将达 3.9 万亿美元,美国将以 2.66 万亿美元位居第二。该报告预计,未来十年全球旅游业将新增 1.26 亿个工作岗位,其中约 65% 将在亚太地区,预计近 50% 的旅游业新增就业岗位将出现在中国和印度,其中 25.5% 在中国。

步入新世纪后,全球经济一体化的趋势持续加快,各国要想发展就必须融入世界市场当中。与此同时,知识经济成为一种潮流,决定着各国的竞争实力,新世纪的竞争本质上是人才的竞争,人才是助推经济前进的首要因素,是衡量一个国家综合实力的核心标准。针对于此,各国制定多项人才政策,吸引创新型人才加入本国的生产建设中来,但是面对旅游产业的迅猛发展与就业岗位的剧增,各个国家依旧面临旅游人才缺乏的问题,这极大地阻碍旅游业潜力的挖掘。相对于其他产业,在形势下,旅游产业在人力资本领域面临的挑战日益加大。WTTC 统计的数据表明,在世界 46 个国家当中,有 38 个国家在 10 年内会不同程度地受到旅游业人才匮乏问题的影响,继而阻碍该国经济的发展。世界层面看,不管一个国家的经济发展水平如何,其均将高素质人才培育、开发与挖掘上升至国家战略的高度,都十分重视旅游人才的培养。

6.2.2　加强旅游行业高素质人才培养与管理

面对经济发展速度的加快与旅游产业的崛起,全球各国对人才的需求量持续加大,而这与复合型旅游人才供给匮乏间产生巨大的矛盾。我国也紧随时代潮流,制定多项政策法规,积极推进旅游人才与旅游产业的建设,希望在新机遇面前占得先机,然而中国的旅游人才依旧十分匮乏,且整体质量不高,供需结构严重失衡,旅游人才的培育工作依旧任重而道远。在该背景下,培育并打造一支永担时代使命、旅游理论知识雄厚、综合素质高的旅游人才团队是助推旅游产业有序发展的重要保障。

故而深层次探索与中国旅游人才培育相关的问题,结合旅游业的特征与前进需求,改进旅游发展策略,完善旅游人才培养机制,提高人才团队的综合素质,增强中国旅游业发展的竞争实力显得尤为关键。新的技术环境下,旅游行业逐渐由以劳动为导向的产业升级为以技术为导向的产业,人才需求量大幅度提升,尤其是对技能水平高、创新能力强的高精尖人才的需求量更是急剧上升。未来很长时间内制约旅游业发展的主要矛盾可能是旅游行业的快速发展与高端人才缺乏之间的矛盾。伴随着技术水平的提高,现代化技术被广泛应用于旅游产业当中,客户对旅游的需求呈现出多样化、个性化的特征,此时旅游业的管理者应具备高超的管理能力与业务技能。除此之外,旅游业产业对中高端管理者的需求量与日俱增,但现实是现阶段该类人才的供给与需求缺口巨大。

6.2.3　强化旅游行业人力资源的主体性

旅游业的发展带来大量的就业机会,同时大批工作岗位的准入门槛较低,不需要从业者配备较高的技能,故而许多技术含量低、较为辛苦的职业由低学历人员从事,特别是女性与年轻人,他们在旅游从业群体中占比较大。然而,伴随着现代化技术的发展,部分低端岗位可以由仪器设备所替代,此时大批劳动力丧失工作机会。尤其是在发达国家,绝大多数的低端岗位使用全自动化技术,而这一改变也使旅游服务的质量有所提高,客户从中取得更为优良的体验,顾客满意度显著提升,从而为公司创造出更大的经济效益。即使是原来很多国际化素质和技能要求比较高的岗位,如外语导游、翻译等岗位,也因智能翻译等技术和便携式传译等设备的普及而受到较为严重的冲击。

6.2.4　把握旅游高等教育国际化与地缘政治的关系

百年未有之大变局影响深远,逆全球化思潮抬头,单边主义、保护主义明显上升,局部冲突和动荡频发,且世纪博弈背景下,受国际政治、经济、文化等多方面因素影响,美西方对我国遏制打压加剧,敏感领域"小院高墙"恶意排挤脱钩,给院校教育国际化战略实施和对外合作交流带来严峻挑战。如国内院校与美国等院校、科教机构的校际交流合作受阻,除了双方教授间的学术交流外,很多机制性联合培养、合作科研项目停滞或终止,联合发表高水平成果数量减少;全球经济不景气,加大了留学成本,外派培养困难,来华留学交流学生规模也受到影响等。虽同样受国际教育大环境影响,但旅游高等教育领域交流合作政治敏感度较低,仍有广阔的发展空间。

6.2.5　积极布局后疫情时代旅游高等教育国际化发展

旅游行业受其行业发展特点的限制,受外部因素影响较大,因此旅游业极易受疫情、天气等突发情况的影响。2020年以来,由于新冠肺炎疫情的冲击,全球旅游行业的需求骤减,发展受到极大威胁。类似疫情等不确定外部因素的冲击,随时会对旅游行业的消费需求、产业员工等造成不同程度的影响,行业的发展前景及实用性仍需不断提升和改善,而疫情后的"报复性消费"也会为行业发展带来新的发展机遇。与此同时,国际化人才培养与高等教育国际化也面临着前所未有的挑战,在特殊时期、不同外部因素的影响下,应当如何应对行业发展对于高素质国际化人才的需求仍然是面临的严峻挑战。

6.3　新时代中国旅游高等教育国际化发展创新路径

进入新世纪,旅游市场对国际化旅游人才提出了更高的要求,此时旅游人才的综合素质水平直接决定着一个国家旅游产业的竞争实力。而旅游高等教育是培育旅游人才的重要渠道，要想培育高素质的国际化旅游人才，就必须高度重视旅游高等教育国际化发展。同样，我国更应该将旅游高等教育置于战略高度，从长远的角度出发，以宏观的眼光对待旅游高等教育国际化建设发展，精准定位中国旅游高等教育国际化发展中面临的问题，并从思想上与行动上加以改变，学习借鉴发达国家的旅游高等教育经验，转变教育策略，科学配置教育资源，助推中国旅游高等教育朝着又好又快的方向前进。

当前，全国上下学习贯彻落实党的二十大精神，习近平总书记在党的二十大报告中强调"教育、科技、人才是全面建设社会主义现代化国家的基础性、战略性支撑"，首次将教育、科技、人才一体安排部署，赋予教育新的战略地位、历史使命和发展格局。教育部在落实行动方案中强调，教育工作者要自觉提高政治站位，深刻把握我国教育发展的历史方位，加快建设教育强国，加快打造教育、科技、人才共同体，助力世界重要人才中心和创新高地建设，为全面建设社会主义现代化国家奠定坚实的人才基础、提供有力的战略支撑。要推进高水平教育对外开放，以开放大格局构筑发展新优势，在新的国际形势下主动识变应变求变，精准实施教育、科技、人才国际交流合作，以教育之力服务推动构建人类命运共同体。新时代新形势新任务新要求，为推进中国旅游高等教育国际化指明了前进方向和路径。坚决贯彻党的二十大决策部署，坚定不移加快和扩大新时代教育对外开放的总体要求包括：一是持续优化教育对外开放全球布局。推进共建"一带一路"教育行动，以高标准、可持续、惠民生为目标，以高质量发展为主题，努力将"一带一路"打造成全球教育伙伴集聚区、国内国际教育循环示范区、中国教育"走出去"先行区，其中旅游高等教育走出去是"一带一路"教育行动的重要组成部分。发挥我国东部开放高地的制度集成创新效应和中西部、东北地区的区位优势，实现内外开放协调联动，开拓教育共同发展新空间，由近及远、以点带面，巩固拓展同共建国家的教育合作交流。二是持续推动高水平国际创新合作。聚焦世界高等教育前沿和国内薄弱、空白、紧缺学科专业，同世界一流资源开展高水平合作办学，把质量高、符合需要的引进来。在旅游高等教育方面亦可加快推进国际产学研用合作高质量发展，引导国内高校和海外一流或高水平院校和科研机构合作，开展旅游管理跨学科交叉融合和跨领域、跨国界的学术合作。坚持以数字化赋能国际化，以国际化助推数字化，推动设立国际数字教育联盟。三是持续培养更多高素质国际化人才。通过国际合作与交流促进高校"双一流"建设，全面提高人才自主培养质量，着力造就拔尖创新人才。大力培养掌握党和国家方针政策、具有全球视野、通晓国际规则、熟练运用外语、精通专业知识的国际化人才，有针对性地培养"一带一路"等对外急需的懂外语的各类技术和管理人才。打造更具竞争力的留学教育，吸引世界杰出青年来华学习。加强人才国际交流，建设留学人才回国服务示范区，优化回国发展环境，为经济社会发展提供人才支撑。四是持续推进港澳台教育，使其更好地融入国家发展大局。建立健全内地与港澳台全层次、宽领域、多形式的教育交流合作机制,构建常态化交流联系体系,支持扩大内地与港澳高校的校际合作,共建共享科技创新平台,协同开展科技创新研究,真正实现合作共赢。

面对新技术革命给旅游高等教育的影响,基于新时代中国旅游高等教育的新形势新任务新要求,我们要准确识变、积极应变、主动求变,以开放的确定性应对外部环境的不确定性,保持战略定力,坚持对外开放办学不动摇,将开放合作作为新时代教育改革发展的优先要素和内生动力,持续推进高水平教育对外开放,为中国旅游高等教育高质量发展注入强大动力。旅游高等院校应主动调整对外开放办学布局,更加重视国际化战略实施的系统性整体性协同性下好"先手棋",结合自身特点,发挥自身优势,找准突破点,探索拓展国际交流合作新空间、新平台、新资源,建立扩大"伙伴群","一校一策、多点开花"。在合作模式上,坚持以我为主、灵活多样,不求所有、但求所用,提升旅游领域国际交流合作的效益和可持续性。同时,旅游高等高校应以开放促改革,以开放促发展,加强内部改革和协同创新,练好"自主内功":进一步健全和完善旅游国际化人才培养机制。把全球视野和国际竞争力的培养目标纳入旅游人才培养体系,设立国际学分,根据学生国际经历、完成国际课程数量等计算国际学分,加大保障和资助力度等:进一步加强旅游国际化师资队伍建设。坚持引育并举,拓宽引智渠道,加强师资队伍培训;健全和完善教师评价体系,将教师参与国际合作研究、讲授国际课程、国际组织任职、培养留学生等纳入教师评价体系:加大旅游国际学生招生力度,优化生源质量。为旅游高校搭建更多招生平台,优先支持旅游"双一流"优势学科新建国际课程的招生:是进一步加强旅游合作平台建设和条件支撑。持续做强已有高水平平台,加强旅游领域国际人才、科技、产业合作项目和国际联合研究中心、实验室建设,进一步完善旅游国际教育协同创新基地体系。

综上,研究从国家、学校、学生视角提出如下六个方面的新时代中国旅游高等教育国际化创新发展路径。

6.3.1　持续完善旅游高等教育国际化顶层设计

全球化是一个不可逆转的全球性的历史进程。高等教育已经进入一个全方位的对外开放时代,进入一个更加重视管理的时代。为适应旅游高等教育国际化发展的现实需要,必须深化管理体制改革,在这个过程中,存在许多我们值得思考和必须重视的问题,而且有些问题是在实施国际化发展战略的进程中需要我们认真研究并加以解决的。

(一)正确处理旅游高等教育国际化发展中"形"与"神"的关系

为适应国际化发展形势,一些高校借助移植模式、嫁接模式、混合模式等路径与方法,创办了中外合作办学的旅游类专业,主动适应了国际化发展浪潮,尝试逐步解决旅游教育相对滞后的被动局面。既是顺应时代发展的要求,也是旅游高等教育国际化发展取得的重大成果之一。然而任何事都要从正反两方面看待,我们在实施旅游高等教育国际化的过程中,必须高度重视并认真处理好一个问题,这就是"形"与"神"的关系问题。嫁接国外旅游高等教育模式,应尽量做到"形神兼备"或"形神统一",而不是"貌合神离",即只有形式上的"模式移植"或"模式嫁接",而无实质上的"模式融合"或"模式创新"。这就要求实施旅游高等教育国际化战略的高校,在实施的过程中,要做好系统设计,进行耦合分析,从课程设置的调整与借鉴、教学团队的组建与学习、教学管理的灵活与匹配、学生管理的科学与和谐等问题,都需要深入把握和广泛探讨,使国际化战略尽快走上"形神统一"的良性运行轨道。实施国际化战略,在客观上需要一个"磨合阵痛期",但应提高效率,避免影响国际化的进程。在这个过程中,有两种倾向值得引起注意:一是搞"一阵风""一刀切",不讲条件,不讲特色,反正人家都在推进国际化,自己也要搞"国际化";二是盲目推进,不讲效果。这种不讲实际、不讲特色、不看目的、不看效果的盲目搞国际化,甚至会出现画虎不成反类犬的情形,最终影响教育事业的发展。

(二)正确处理旅游高等教育国际化发展中"量"与"质"的关系

推进旅游高等教育国际化,不可急于求成,重在质量,而不是数量,可以先在一两所代表性高校,几所典型性高校试点,取得了一定的成效后,再逐步推开,不可全面开花,尤其不可单纯追求数量。数量问题解决了,质量问题却暴露出来了,尤其要杜绝这种情况的发生。为保障教育质量,注重内涵式发展,可以在体制机制上探索推进"旅游专业高等教育实践训练计划"。鼓励学生积极参与涵盖创新训练、创业训练与创业实践在内的多层次实践模式,通过覆盖面广、实际可操作性强的项目,锻炼学生相关专业的实践能力,成为本专业实践发展的重要平台。结合专业特色,打造"就业实践基地"与"创新实践中心",合理统筹安排,开展旅游业就业实践工作。构建以学院书记为组长,授课教师、班主任与辅导员为组员的院级旅游专业课外实践工作机制。科学部署、分层实施的旅游高等教育国际化教学策略。

(三)正确处理旅游高等教育国际化发展中"大"与"小"的关系

推进旅游高等教育国际化,既要重宏观方面,从"大"处着眼,要有大视野、大思路、大格局、大平台,大成果,又要从"小"处着手,充分发挥多方主体的作用,让管理者、教学者、受教者参与到旅游教育机制的完善中来,树立生态思维,科学统筹教育的生态发展,充分发挥全员育人的优良效能。首先,教师在教学活动中应将实践应用型人才的培养置于首要位置,在教学实践、教学模式、教学内容上均应调动学生的扩散性思维,提高其创新与实践能力。并且还应将引进与培养有机结合,构建专业素养强、综合实力雄厚的"双师型"教师与创新能力强大的师资团队,高度重视旅游专业高质量师资队伍的打造,在教学转型中改进实践模式。其次,管理者应当勇担岗位职责,努力奉献,不计较个人得失,为旅游高等教育国际化人才培养工作添砖加瓦。管理者制定的政策直接决定着人才的质量。在教育实践中,管理者应加大学习力度,时刻关注国家的最新政策法规与旅游市场动向,不断提高行业就业指导服务的能力,结合学生就业实践现状,改进服务策略,并为学生就业提供全方位的引导与帮扶,当学生成长道路上的引领者。最后,学生应当积极融入现代化教育体系当中,树立工匠精神、求真务实、脚踏实地、积极探索,努力学习旅游行业最新的理论知识、实践技能,提高自我约束能力,做到吾日三省吾身,在自省中提高自我,掌握工作所需的技能。与此同时,学生还应积极配合学校旅游专业应用型人才培养质量的项目建设,发挥自身的主导作用,积极参与学校事务的管理,并就此提出科学的管理意见。对于从事相关专业实习和留学的学生,学校能够结合课程任务延长学业年限,并支持学生调整学业进程、保留学籍休学进行国际化学习、参与市场型实践。对于相关竞赛取得佳绩的学生、在相关领域发表高水平论文或获得发明专利的学生,可在推荐更高学历等其他情况下给予奖励。将旅游教育实践指导教师指导实践活动纳入人事考核系统,作为指导教师岗位评聘和提职的重要参考指标。专门设置旅游专项学科竞赛指导教师奖,对于指导教师申请的教改项目在同等条件下给予优先立项。

（四）正确处理旅游高等教育国际化发展中"传承"与"创新"的关系

涉及旅游高等教育改革中的教学观念、教学内容、教学方法、教学手段等方面的内容,要让学生在掌握知识的同时广泛发展智力,教师不仅要完成基础知识的教育,更要锻炼和培养学生的创造思维能力,学会自我思考、自我创新、自主解决问题,能举一反三、触类旁通。针对缺乏传统文化,缺乏文、史、哲的知识,应加强旅游专业知识的同时,重视人文素质教育,加强品德、修养、学会做人的教育,引导学生正确地对待自然、对待社会、对待他人、对待自己,全面提高自身素质。在网络信息时代,推进旅游高等教育国际化,在教学改革上,尤其要与轨迹接轨,要让学生从"学会"到"会学",学会自主地学习、发展和创新。

（五）正确处理旅游高等教育国际化发展中"流动"与"稳定"的关系

在实施国际化战略的过程中,如何处理好国际人才的"流动"与"稳定"这对矛盾,是当前广泛存在的一个现实问题。所谓"流动与稳定",即许多高校都在拓宽渠道、多种方式方法海外引才或全球招聘,集中资源抛出各种优厚的条件待遇吸引国外人才。然而,不可忽视的是新近引来的"国际人才"纳入绿卡等各类人才工程,而原以在校的同样优秀的教师却不能享有同等的待遇。其结果可能适得其反,大大降低本校教师的教学科研积极性,于是,本校原有优秀教师,尤其中青年骨干教师又作为"优秀人才"被外校吸引,产生"流动"。因此,高校在推进国际化培育国际化师资队伍时应正视和处理好这个问题,既能聚天下英才而用之,又能保持好稳定发展的大局。

6.3.2　全面推进旅游高等教育国际化发展新战略

策略的落地生根必须以战略为基础保障,战略对策略发挥指导作用,而旅游高等教育应当以国际化发展战略为统领，从广义的视角科学规划中国旅游高等教育，此时具体涉及国际化理念、培养目标与政策支持等内容。

（一）深化旅游高等教育国际化的教育理念

科学的教育理念对旅游高等教育国际化进程发挥指导性作用，应当结合国际环境对待旅游高等教育，利用全球化视野制定旅游专业人才培养的策略，此时，既需要转变旅游高等教育的管理与教学理念，更应该帮助学生树立宏观思维。

从旅游高等院校的领导者层面看，应当高度认可国际化战略，并采用先进的教育理念认识高等教育国际化的含义与必要性，利用国际化策略引导旅游教学活动，并加大与海外高校的联系，积极与一流大学开展学术研究、教师交流等活动；对于旅游专业教师而言，打造国际化视野象征着既要在全国领域内引领理论知识创新潮流，更要站在全球的高度思考问题，以全球化思维认识旅游学科，积极研究全球旅游行业中最值得关注的问题，尽可能多地将学科前沿知识传授给学生，帮助学生树立跨国化、国际化思维，引领学生塑造国际化视野。对于旅游专业的学生而言，必须以全球化思维对待从业就业问题，同时将该理念落于实践，以此掌握正确处理国际旅游事务的本领，做旅游行业领域的全才。提高旅游高等教育国际化建设水平并非只是学校领导者与教师的工作，广大学生作为直接利益主体，更应参与其中，唯有由上至下树立国际化理念，正确认识国际化概念，才可推动中国旅游高等教育朝着科学的方向前进，开辟一条独具中国特色的国际化道路。

（二）明确旅游高等教育国际化的人才培养目标

高度重视高校生创新理念的培养，把提高学生的创新精神与树立创新意识置于旅游高等教育发展战略当中。"十三五"规划明确表示在全社会范围内推行素质教育，培育综合实力雄厚、专业水平高超的旅游人才，教育教学实践中应注重学生创新意识与实践能力的提高，引领学生树立较强的创新理念。除此之外，教育部在评定"双一流"学校与学科时，应当把学生创新创业精神与实践能力作为重要的衡量指标。

当前，制约中国旅游业国际化进程的首要问题是具备国际化能力的旅游专业人才匮乏。中国旅游高等教育实践必须具备开放包容的国际化视野，科学配置旅游资源，转变人才培养体系，制定与发达国家接轨的旅游人才培养战略，为外资旅游公司、海外餐饮酒店培育掌握国际化本领的旅游专业人才。国际化旅游人才应当将国际化目光、全球化理念与创新精神集于一体，具备较强的文化交流能力、国际沟通能力与综合竞争实力，要谙悉旅游业规则、掌握多门语言，并对现代化管理理念、先进的理论知识了然于胸。一个可以适应任何旅游岗位的人才必须掌握以下技能：其一，目光敏锐且应变能力强，精准定位国际旅游发展的方向，并在旅游发展中随机万变；其二，开放包容度高，有容纳多个民族文化风度的胸襟与气概，可以接纳世界上不同的价值理念与认知思维；其三，掌握多国语言，表达能力强，擅于进行自我学习；其四，具备归纳总结、辩证性与创新性解决问题的能力;其五,需要个体的合作意识强,学生应当在团队当中学会取长补短,不断提升自己,彰显人生价值。唯有意识到旅游高等教育国际化人才培育的目标,才可制定科学的人才培养战略,为旅游业发展打造竞争力强、综合素养高的复合型人才,以此满足旅游产业国际化的需要。

（三）制定旅游高等教育国际化的行动规划与政策

不可否认,当前中国已建有北京外国语大学、中山大学、复旦大学等大批知名的旅游高等院校,同时在国际化发展中取得显著成绩,然而迄今为止,尚未搭建起如瑞士洛桑酒店管理学院一般品牌强硬的管理学院,并未搭建起独具中国特色的"洛桑",导致该情况出现的原因是起步时间短,同时发展环境中国家政策引导和行业支撑支持存在差异。制定国际化发展规划与国家政策是助推旅游高等教育实现飞跃的重要保障,是实现旅游高等教育国际化的必然之举,更是旅游教育人才培育的宏观战略支持。因此,相关部门应当将旅游高等教育国际化建设上升至国家战略的高度,制定针对性强、影响深远的政策规章机制,而且各大旅游高校应积极争取各项国家资源。首先,积极争取并荣获旅游高等教育国际化试点院校的称号;其次,将更多的资金投至旅游高等教育国际化的建设当中;最后,创建专门负责旅游高等教育事宜的服务机构。唯有做好以上几点,才可切实推进中国旅游高等教育真正迈向国际化之路。

6.3.3　新技术赋能高等教育国际化高质量新格局

旅游高等教育要想与国际教育市场相适应,就一定要顺应时代发展的潮流,搭建起高效合理、国际化水平高的课程机制。应用型高校在进行人才培养时,必须充分考虑区域经济发展的实际,而且积极与其他学校展开国际化交流。

（一）促进旅游高等教育国际化衔接融合

"双一流"战略是我国为了打造全球顶尖学府与顶尖学科而提出的,而学校解决社会科学和自然科学问题的能力是"双一流"院校评定的重要指标。应用型高校则应与追求"双一流"建设错位发展,将实用型人才培养作为重要目标,尽可能解决实践中面临的诸多问题。在中国旅游高等教育国际化的发展过程中,所培养的内容多与理论知识在实践中的具体应用相关,将解决实际问题作为目标。充分发挥高校在旅游业发展中独具特色的优势,并令其为地方经济服务,可见,高校深受地方性政策的影响。旅游业是一个地域性很强的行业,地方性特征不仅影响着应用型高校的建设,而且决定着高校的服务领域及办学目标,更有甚者影响高校的前进方向与内部潜力的挖掘。虽然应用型高校与双一流大学追求的目标定位存在区别,但是二者都以实现教育国际化为动力,只是侧重点存在不同。应用型高校的国际化要求在办学理念、教学机制上实现国际化,地方性应用型高校应当站在全球的战略高度上,精准定位自身,意识到发展的优势与劣势,将为地方培育高素质的应用型旅游人才置于首位。同时在旅游专业人才培育的过程中,应以发展的眼光对待问题,从动态化角度调整人才培育目标,不断完善课程体系,提高旅游高等人才培育的目的性,为培育满足市场发展需求的旅游业应用型人才提供坚实的保障。

(1)强化课程设置及教学内容的国际化倾向。现阶段,各个国家的旅游高校均将大量精力投于课程国际化探索当中。例如日本的旅游高校,将以外国地质、比较文化论等为代表的国际化课程列入学生必修课程当中。而我国的旅游高等教育要想走向国际化之路,就应当紧随国际旅游发展的趋势,随时设置全新的专业研究方向,开设科学的课程体系与纵深化课程结构。既要注重基础课的教学,还要开设具备国际特色的课程,如关系学;既要重视专业必修课的教学,还可开设多语言的外事技能课程,如国际旅游经济学;既要注重选修课的设置,还应基于最新时事资讯开设新课程,如生态旅游、旅游环境学;既要重视拓展课程的开设,还应设置帮助学生取得国际化证书的课程,例如国际旅游管理;与此同时,为了加深与国外旅游产业的联系,还应当设置海外实践课程等。各大高校必须结合自身发展的特色,打造具备国际化特征的旅游高等教育课程体系,并新设多门海外旅游专项课程,深入研究国际化旅游产业,以此培育国际化视野广阔、实践能力强、国际领悟力高的复合型人才,从而为中国的旅游产业走向国际夯实根基。

(2)做好双语课程的开发与选择。设置双语课程是旅游高等教育走向国际化的必要手段,同时,双语课程的开发也是实现旅游高等教育课程国际化的直接途径。利用双语课程教学,帮助学生更好地掌握旅游专业语言,提高学生以英语为主的跨语言、跨国别交流能力,令学生满足旅游业国际化的现实性需求,并匹配以高超的旅游业语言交流技能。但是在旅游业课程体系当中,并非所有的课程均适用于双语教学,此时在双语教学的课程选择上必须慎之又慎,把握好以下几点:第一,课程的开放水平。开放水平越高表明国际化程度越深,此时将双语教学的模式引入该课程中是十分必要的;第二,课程的难易程度。一般而言,难度适中的课程宜采用双语教学的方式;第三,设置课程的年级。通常情况下,低年级的学生需要学习更多的公共基础课,此时他们正在接受外语教学的熏陶,正处于语言知识积累的时期,因此双语课程的设置应多加斟酌,但高年级的学生经过长期历练以后,不管是在专业知识水平上,抑或是语言能力上,都有很大的提高,此时能够普遍接受双语课程。与此同时,在确定双语课程时,还应当将教师的教学水平、课程的先进度、课程特征等要素考虑在内。

(3)选用或编写具有国际水准的旅游专业教材。科学的旅游专业教材是实现旅游高等教育课程国际化的重要手段。结合中国高校教材的质量与现实情况,要想在旅游课程体系的建设上适应时代的潮流,就应当采用具备国际化水准的教材。首先,应当制定科学的教材改进规划,有针对性地、有批次性地从国外引入最为先进、国际化水平最高的旅游行业原版教材;其次,应结合高校的实际特征与学生的现实情况对教材进行改编,从而更好地服务于我国旅游高等教育国际化的建设;最后,高校可以积极与海外一流学校展开合作,聘请全球顶尖的旅游专家一同编写旅游专业的教材,令教材与海外教学内容相接轨,从而为培育高素质的国际旅游人才创造条件。

（二）科学选择国际化的教学方式方法

推进旅游高等教育国际化,培养具有国际视野和全球竞争力的人才,则教学方式方法的改革必不可少,需要对教学过程进行优化升级,摒弃以往的封闭式教学模式,融入国际教育资源和教学元素,调动学生的学习热情,给学生更多空间去思考和探索,增强协同协作与跨文化交流能力,强化国际化人才培养。以下是三种常用的模式。

（1）跨学科——国际课题合作式教学。这种教学模式以国际性课题为主要教学内容,通过跨学科小组合作的方式来完成教师的教与学生的学。现在,国际高等教育已经淘汰了一贯的分科教学,转而采取跨学科教学的方式,旅游学科本来就具备跨学科的性质,因此更适合这种教学方式。随着高等教育国际化进程的深入,仅凭单一学科的知识已经无法满足所有需要,很多专业问题的研究必需其他学科的帮助。所以在进行旅游专业人才培养时,势必要突破一贯的学科界限,综合多学科知识,联系相关国际性课题,进行跨学科——国际课题合作式教学。该教学模式注重创设基于现实的、具备研究价值的国际性课题情境,由学习不同专业的学生展开合作,最终攻克该问题,目的是通过问题解决过程学习藏在课题内容里的专业知识。这种教学模式一方面有利于提高学生学习的主动性和积极性,增进学生之间的合作,另一方面有利于提高学生解决问题的能力。

（2）小组合作——远程协商式教学。这种教学模式有利于突破互联网教学的多重局限,通过对互联网信息资源的整合利用,推动了互联网教学的国际化,是一种与时俱进的教学方式。运用这种教学模式,首先要考虑当前远程技术发展水平是否能满足需要,这是开展该类教学模式的前提;其次,要在国际范围内选择几所旅游高等院校作为自己的姊妹学校开展小组合作——这是远程协商式教学的基础,教学过程中,经过网络协商,定下一个协同学习的主题;以该主题为核心,开展小活动,进行交流沟通、合作竞争等。这种学习过程,有利于激发学生的学习兴趣,此外,教师应当对学生的成果及时给予正向反馈,强化学生的自信心,锻炼学生的非理性思维能力。

（3）国际案例——专题研讨式教学。这种教学模式是指教师开展教学时,精心选用具有代表性的行业国际案例,并基于这些案例展开类型多样的旅游课题,通过团体或小组合作的方式,开展课题讨论、案例分析报告撰写等学习活动。在应用该教学模式时,教师将本行业前沿知识融入案例之中,理论联系实际,帮助学生在对实际案例的分析和讨论过程中,提升分析问题和解决问题能力;尤其是培养学生良好的思维品质,促使理论知识转化为实践能力;引导学生关注本行业前沿与焦点,帮助学生学会思考与解决问题;发挥学生的主体性,增进其合作能力。

（三）利用新技术探索国际化旅游高等教育新思路

随着科技的不断发展,新技术已经成为推动旅游业和教育领域创新的重要力量。在国际化旅游高等教育中,新技术也可以帮助学生更好地了解全球旅游市场,掌握行业最新趋势和技术,提升跨文化沟通能力,以及更好地准备未来的职业生涯。以下是一些从不同技术方面出发探索国际化旅游高等教育的新思路:

（1）基于元宇宙的国际化旅游沉浸式教学新模式。元宇宙是指虚拟世界的扩展,它可以为人们提供沉浸式的体验,并且具有不同于现实世界的优势,例如无限的探索空间、个性化的交互体验以及无限的创造潜力。在元宇宙中,人们可以创造自己的虚拟身份,并与其他人交互、社交、学习和娱乐。元宇宙旅游教育可以为学生们提供一种全新的学习和探索方式,通过虚拟现实技术和沉浸式体验,让学生感受到身临其境的感觉,同时深入探索科学、历史、文化和艺术等领域。它可以提供远程国际化教育,让学生可以通过网络学习,无需亲身到场,节省旅行费用和时间。同时,元宇宙旅游教育也可以为人们提供更加灵活和个性化的学习方式,学习者可以自由选择学习的内容和学习的方式,而不受时间和地点的限制。

在元宇宙旅游教育中,人们可以体验各种不同的场景,例如探索古代文明的历史遗址、参观博物馆和艺术展览、探索未知的星球和宇宙、学习外语和跨文化交流、参加虚拟演唱会和音乐节。这些体验可以让人们深入了解不同的文化、历史和科学知识,同时也可以提高人们的想象力、创造力和沟通能力。具体来说,可基于元宇宙技术构建国际化旅游高等教育课堂,丰富课程设计以及提升教学质量。这种教学模式可在元宇宙中快速构建和切换不同教学场景,如可在沉浸式的元宇宙教室中进行专业知识的授课或可在沉浸式的全球各大景点的场景中进行实践教学。在教学内容上,可以进行国际化旅游案例分析,通过分析不同国家和地区的旅游案例,学生可以更好地了解旅游业的运作方式和文化差异,以及如何在国际化旅游市场中取得成功。一些可供参考的案例包括迪士尼、海底世界等。也可以通过开展元宇宙国际教育班,提高学生的跨文化交际能力。国际化旅游业务须要具备良好的跨文化交际技能,包括理解不同文化之间的差异和如何与不同文化的客户进行交流。因此,课程可以包括跨文化交际的理论和实践,如跨文化交际技能的培养、跨文化沟通、跨文化管理。此外,在元宇宙课堂中,也可以对国际化旅游市场进行研究,了解国际化旅游市场的趋势和变化对于培养学生的国际化思维和竞争力至关重要。通过分析市场趋势和需求,学生可以了解如何根据不同市场需求制定策略,如何利用数字营销和社交媒体在国际市场中推广旅游产品。

从美国开设第一所元宇宙特许学校,到韩国建设元宇宙教学平台,教育元宇宙的实践案例在国外已屡见不鲜。如今国内教育教学中的元宇宙场景也在不断增多。2022年10月,西北大学120周年校庆之际,西北大学在长安校区召开元宇宙校园上线发布会,成为全国元宇宙校园全要素建设的首批探索者,也是陕西省首家元宇宙校园上线的高校。当前,在元宇宙国际化教育的实际应用场景中,一方面常用来展示学生们在旅游景点场景中的实践教学模式,在此场景下,学生不仅可以实际感受到旅游景点的特色风景,也可以了解景点的文化内涵;另一方面推动元宇宙虚拟校园的教学模式,学生可以节省出行成本,同时教育者也可以设计国际化的教学组织,在元宇宙校园中使学生们能够了解和熟悉不同文化,提升个人的国际化交际能力。

(2)人工智能辅助的综合教学模式。人工智能技术可以为旅游国际化教育提供很多辅助功能。自然语言处理是一种涉及计算机科学、人工智能和语言学等多个领域的技术,主要用于处理和分析人类语言。在旅游国际化教育中,自然语言处理技术可以在旅游高等教育的过程中发挥指导性的作用,如可研究语言学习辅助,利用自然语言处理技术,可以为学生提供更加便捷和个性化的语言学习服务,包括语音识别、智能翻译、语音合成等功能。学生可以通过语音识别技术,实现口语练习并自动纠正发音错误,通过智能翻译技术,实现语言互译和多语言交流。也可利用自然语言处理技术构建智能客服和问答系统,为学生提供智能客服和问答系统,快速回答问题和解决问题。进一步,也可以在高等教育过程中,形成智能导游服务,利用自然语言处理技术和位置感知技术,可以为旅游者提供更加智能化和个性化的导游服务,包括语音导航、景点推荐、交通路线规划等功能。学生可以通过智能导游服务,自由地探索当地的景点和文化,了解当地的历史和风俗。此外,也可以结合自然语言处理和大数据技术,进行情感分析和舆情监测,了解旅游市场的趋势和变化。学生可以通过情感分析和舆情监测,了解当地旅游市场的热点和问题,从而更好地适应和把握市场机遇。除了自然语言处理之外,计算技视觉也是人工智能的一个重要研究方向,它是一种涉及计算机科学、人工智能和图像处理等多个领域的技术,主要用于从图像和视频中提取信息和进行分析。在旅游国际化教育中,计算机视觉技术可以通过图像识别和智能分类,以此实现对旅游目的地的照片、视频等进行识别和分类,识别出照片中的景点、建筑、人物等,从而更加方便地了解当地的文化和历史。

综上所述,新技术的不断发展已经成为推动国际化旅游高等教育的重要力量。应用好这些新技术,教育机构可以更好地为学生提供全球性的教育资源,让他们更好地掌握行业动态和趋势,提升跨文化沟通能力,为未来的职业发展打下坚实的基础。

6.3.4 全方位加强国际学术交流和国际科研合作

本质而言,旅游学科极具包容性、开放性,大学亦有开放本性,而这也为旅游领域国际学术交流与高校间科研合作创造了条件。中国旅游高等教育在国际学术交流与科研合作上可从以下几个方面着力推动:首先,了解国际旅游高等教育发展的趋势和动态,知道各主要国家知名旅游院校分布情况,根据自身办学层次水平,有针对性地寻找和确定交流合作对象,其中海外校友、行业组织等都是很有帮助的沟通渠道,建立联系后可通过互访交流、学生联合培养等拉紧务实合作关系;其次,可加入主要的全球性旅游研究组织、积极参与其组织的会议会展等交流活动,在此平台上交流各自办学经验、学习了解旅游前沿动态、洽谈单位间合作等,可打下较好的交流合作基础;再次,加入国际课题研究与国际重大科学计划区域项目中来,在合作研究中推动中国旅游高等教育国际化高质量发展;最后,创办旅游国际学术杂志,为最新理论成果的发表与共享提供平台,为提高国家在该领域的学术影响力和话语权夯实根基。

（一）加入国际性旅游研究组织

加入国际性旅游研究组织是旅游高等教育国际化快速推进的有力手段,可较快的了解掌握前沿动态和优质资源分布情况,并可利用好平台有效拓展交流合作。例如国际旅游科学学院、全球性旅游职业培训协会等团体组织均十分重视对旅游教育的研究与发展,并由此打造系统的科研成果体系,从而对旅游教育事业的有序进步彰显出很大的价值。例如全球性旅游职业培训协会不仅十分重视国际旅游教育与培训,结合旅游国际化现状向多个国家和地区提供先进的旅游教材与雄厚的师资团队支持,每年委派多面专家引导各国旅游教育,深度挖掘全球旅游人力资源,以期为国际旅游产业发展提供充足的人才保障。与此同时,全球性旅游职业培训协会作为现阶段全球最具影响力的行业培训协会,其会员的组成多种多样,既有全球一流的旅游高等院校,又有世界知名的旅游公司,并且定期邀请专家对旅游人才进行专业化的培训与教育。对此,中国的旅游高校也应积极融入国际化旅游组织中来,并尽可能争取更多的话语权,依托于国际资源,助推中国旅游高等教育迈上新的发展台阶,不断提升中国旅游高等教育的竞争实力。

（二）参加和承办国际性旅游学术会议

为提升中国旅游高等院校在全球的影响力,教育部门应当支持实力雄厚的旅游高校成立全球性旅游组织机构,并争取规模庞大、档次高端的国际性学术会议,彼时能够邀请全球著名的旅游专家同国内旅游人才展开交流调研。例如,2009年6月,中国旅游高等教育国际化高峰论坛在上海师范大学召开,此次论坛是由教育部工商管理教学指导委员会旅游学科专业组和中美两国大学旅游院校联盟联合主办,美国普渡大学、内华达大学、夏威夷大学等知名院校受邀参会。2016年10月,由复旦大学主办的"旅游创新与人才培养"国际学术讨论会在上海举办,来自美国中佛罗里达大学、俄克拉何马州立大学、日本山口大学等学者参会。第四届国际旅游研究会议于2021年5月在葡萄牙的波尔图理工学院酒店与旅游学院举行,虽疫情影响仍有不少学者在线参与。这些学术会议的举办为从事旅游教育工作的师生们提供了与国外旅游高等教育专家学者相互交流的机会,通过分享研究成果和发展经验,共享科研信息和外部资源,对助推中国旅游高等教育国际化的发展与提升中国旅游高校的国际形象发挥重要的作用。

（三）开展国际科研项目研究

旅游教育国际化是旅游产业可持续发展的保障，而旅游科研国际化是旅游教育国际化的重要一环。故此中国的旅游科研项目不可拘泥于现下、国内，而应着眼于全球，时刻走在旅游科研的前列，时刻掌握旅游产业的最新动态，提高选题针对性和前瞻性。2010年，国家旅游局科研课题中公布了包括中国ADS协议执行情况与发展对策、中国——东盟旅游合作区建设研究、中国——东北亚区域旅游合作研究等在内的十项旅游国际合作研究项目。我国旅游高校主动开展国际性课题研究和强强合作进行联合科研具有重要意义，是助推中国旅游高等教育国际化的有力举措。虽然受限于师资国际化能力和整体学科发展水平，部分旅游高校实力有限，在进行国际课题研究、合作科研方面存在不少困难，但可以加强国内院校的协作，通过共同参与、传帮带等进入国际学术交流圈，逐步通过学术交流、联合发表文章等方式增进了解，进而推动就共同感兴趣的研究方向申报课题、开展国际合作研究，从而实现国际科研项目的目标，推动旅游高等教育国际化高质量发展。

（四）创办具有国际知名度的旅游刊物

现阶段，海外知名旅游高校相继创办旅游学术刊物，并在学术研究上取得巨大的突破，其中知名度高的有美国康奈尔大学酒店管理学院创办的 *Cornell Hotel and Restaurant Administration Quarterly*、香港理工大学创办的 *Journal of Teaching in Travel and Tourism* 等。旅游刊物的设立在为本校师生发表学术性论文提供便利的同时，更是为各大高校间交流旅游专业知识创造条件。当前中国的旅游高等院校不够重视旅游刊物的创设和建设，即使部分学校创办，却难以持续提高办刊水平，期刊影响力弱、影响因子长期得不到提升，最终导致刊物存在多方困难，并未在学术交流中发挥应有的作用。因此我国的旅游高等教育要想实现国际化就必须创办知名度高、旅游专业知识雄厚的学术刊物，而这不仅为我国专家学者提供学术论文发表的渠道，提高我国在国际旅游高等教育领域的影响力和话语权，而且也为海外旅游高等教育研究成果展示、高校间学术交流合作搭建重要平台。

6.3.5 推动建立国际化的高素质专业化教师队伍

教师的职责在于教书育人。教育质量的好坏在很大程度上由教师的教学水平决定。随着旅游高等教育国际化发展，对具备国际水平的旅游专业人才的需求与日俱增，为了培养这类人才，势必需要具备国际水平的专业师资来与之相匹配。这就要求这些教师在意识以及视野方面达到国际化水平、在专业知识与技能方面与时俱进始终、处于专业最前沿、具备广泛而深刻的文化知识素养。

在对旅游高等教育的国际化教师队伍进行建设时，必须从理论知识水平与实际教学能力两方面出发,致力于建设与应用型高校更加适配的师资队伍。确定旅游专业人才的素质要求,实现人才培养目标过程中,应当吸收和借鉴其他国家专业基础课的优秀教学经验,侧重于教学的应用性和实践性,致力于增加学生的相关文化知识积累,根据学生的能力水平,充分发挥其潜能,不但要满足本专业学生专业知识与技能学习需求,培养专业人才,还要满足学生其他和旅游有关的整体职业发展需求。

（一）增加旅游高等院校外籍专业教师占比

外籍教师在教师总数中所占比例是衡量一个国家高等教育国际化水平的关键指标。因此,如果想进一步提升国内旅游高等教育的国际化程度,那么提升旅游专业师资队伍中外籍教师的占比势在必行。首先,国内应当重视本专业优秀外籍师资的人才引进,邀请国外具备丰富旅游专业知识和实践经验的高校专家前来担任教师,全球范围内的一流大学普遍采取如此做法。在全球范围招揽旅游专业师资,一方面提高了外籍教师在国内旅游高等教育专业师资队伍中所占的比例,使国内旅游高等院校的综合实力进一步提升,另一方面有利于打响国内旅游高等院校在世界范围内的名气。其次,因为在学期制度方面,国内高等院校与大部分国外高等院校存在差异,尤其是时间方面,我们可以充分利用这种时间差,建设多元化的国际教师队伍。比如,当那些外籍的旅游专业资深学者处于休假阶段时,我们可以聘请他们到国内来教学。此外,还可以聘用那些已经退休的外籍旅游专家来当讲师。外籍学者的指导与帮助,必然能给我国高等旅游教育带来多样化的新鲜内容,为旅游业培养国际化的优秀人才添砖加瓦。

（二）提升国内旅游专业师资的国际教育背景

若想提升国内旅游专业师资的国际教育背景,首先,应该加大对国内旅游专业师资的外语训练力度,然后组织优秀的教师去国外一流的旅游专业高等院校交流学习,接触大量最新的专业知识,掌握最近的学术动态,紧跟专业发展的步伐,丰富自身国际经验,成为一名具备国际素养的专业教师。特别是那些有理想也有冲劲的骨干教师,一定要给他们提供机会和条件去国外一流高校学习,使他们眼界开阔,掌握最新的教育理念、学会科学的教学方法,使自身专业知识精进、科研能力提高。此外,应该建立健全教师国外交流学习机制,在安排教师出国学习前,进行详细周密的安排、做好计划,教师学成归国后,同样要设定可靠的指标来对其学习成果进行评估。在安排教师出国研习期间,特别要注意和国外旅游高等院校保持良好的、可持续发展的合作关系,以期未来能有能多教师能走出国门去到国际化的环境中提升自己的专业能力。其次,对那些具有丰富旅游专业知识和实践经验的归国人才,我们应当择优取之,充实我们的教师队伍。此外,对那些国外留学的毕业生予以高度关注,选择优秀者留校任教,进一步推进国内旅游教育专业高校师资的国际化进程。

（三）推进选聘双师型教师的国际化进程

教师的水平会直接影响学生的学习成果。然而,虽然教师质量的评价不能只局限于专业学历等方面,还应当考虑其行业经历等实践经验,二者缺一不可。然而事实上,国内的旅游高等院校,尤其是全日制普通旅游高等院校在聘用教师时,普遍过于强调教师学历,这种高学历的要求使得虽然没有高学历但是具备强大实践能力以及丰富实践经验的人才与高校无缘;此外,在对专业教师进行在职教育时,同样缺乏一个制度性的规范。如此种种导致培养双师型教师变成了空谈。国外的旅游高等教育对二者都予以充分重视,以美国为例,该国的旅游专业教师包括两个类型,分别是专职教师与兼职教师,他们大多都具备博士学位,此外还具备本行业的从业经历,业务能力突出。这种师资队伍,不但具备超强的专业性,更具备实用性。而另一个典型范例是澳大利亚,该国的旅游高校以具备一定的从业经历作为专业教师选拔的基础条件,应届毕业生连应聘的资格都不具备。综上所述,如果国内旅游高等教育想要进一步实现国际化,那么进一步提升专业教师质量是关键。不但要考虑教师的学历水平,还要关注教师的从业经历,只有聘任兼具高层次学历水平与丰富实践经验的人才担任旅游专业教师,才能有效推进国内旅游教育的国际化进程。

（四）结合“双一流”打造高水平国际化创新团队

基于“双一流”战略,发挥旅游专业领域一流学科建设的引领示范作用,加强旅游高等教育前沿研究,打造国际化创新团队和高水平国际化师资队伍是重要举措。教师对于人才培养十分重要,若想培养高质量的人才,那么优质的师资队伍必不可少,在推进旅游高等教育发展的过程中,应该充分了解自身特点,创建一支高水平的师资队伍。若想打造一支具备丰富旅游专业实践经验的师资团队,在进行人才培养时,必然需要兼顾本土化发展与国际化推进,积极开展与国外专家、学者在教学与科研方面的交流合作。国内教师对国内旅游行业发展情况较为熟悉,有利于将相关内容与本地经济联系在一起展开教学,而国际教师能够引进全新的教学理念,给予学生完全不同的学习感受。除了要重视国际学术交流以及科研合作之外,还要培养教师良好的专业素质,提升专业技能,吸收和借鉴优秀教师的经验,切实提升专业教师的业务水平,改变他们关于人才培养的传统看法。此外,建设多元化的旅游专业师资团队,优化其人员结构,最大限度地发挥教学资源的作用。

6.3.6　助力旅游专业人才留学事业的多元化发展

鼓励海外学生前来本国留学,并支持本国学生前往国外留学,此为教育国际化最为重要的表现形式。在实践中要想达到旅游高等教育国际化的目标,就必须创新外来学生留华与国内学生外出留学的教育方式。同等重要的是,拓展在校学生全球视野,培养学生的国际化职业意识,促进学生海内外多渠道就业。

（一）大力发展来华留学教育

来华留学教育在教育国际化建设中发挥不可替代的作用。来华留学教育为本国创造丰厚的经济利润的同时，引进多样化的文化产业，推动社会生产力的提高。现阶段中国在来华留学教育层面有较大的发展空间，对此应提高对来华留学政策的宣传力度，吸引更多的海外生来中国学习。旅游高等院校能够直接印证双语式的留学生来华优惠政策，以此提高宣传的普及力；定期开展来华留学咨询会，邀请部分优秀留学生、教师进行演讲，为海外学生交流咨询提供方便；旅游高校还能够充分发挥校友、留学专家的作用，与他们开展合作，利用多方力量助推中国的旅游高校走向全球；举办全球型学术交流会议，积极与海外旅游高校开展学术交流与调研活动，并相互交流国内外最新的旅游资讯，在提高旅游专业综合实力的同时，不断提升中国旅游高等教育在全球的知名度；把握网络发展的契机，利用最为先进的互联网技术在世界领域内普及我国旅游高校的基本情况，从而吸引大批留学生来中国留学。

（二）积极鼓励出国留学教育

我国确立了"支持留学、鼓励回国、来去自由、发挥作用"的新时代留学工作方针，多样化的文化理念能够开阔学生的思维，帮助学生获取先进的思想与技术，故而中国的旅游高校也应支持国内优秀旅游专业学生前往海外深造，以此提升中国旅游人才在全球的竞争力。对于旅游高校而言，在办学过程中能够不断加深海内外高等院校间的联系，打造高水平的学生海外学习基地，为学生融入国际化旅游市场中创造条件。除此之外，还可为学生开设暑假留学项目、出国留学奖学金制度等，以此鼓励越来越多的学生选择出国深造。同时，针对未取得选派生资格但想在旅游专业领域有所收获的学生，在条件允许的情况下，应鼓励其自费出国学习，并予以适当的资金补助。

（三）培养学生国际化职业意识

为深入推动旅游高等教育国际化，同样必须实施与之相匹配的就业导向。自人类社会产生分工，便出现了社会职业，随着社会的发展、时代的进步，分工不断地分化与整合，职业也进行着分化与整合。世界已进入全球化时代的今天，跨国界、跨文化交流合作频繁，诸如面对气候、环境、能源与安全等人类共同挑战，更需要全球协作协同共同应对。在全球合作与竞争的大背景下，培养具有国际视野、富有全球胜任力、竞争力的国际化人才是当前旅游高等教育的重点任务。旅游产业兴起的时间较晚，依旧处于迅猛发展的阶段，而这也为旅游院校的蒸蒸日上打下基础，理论层面看，旅游业为高校生提供海量的海内外就业岗位。然而现实却与此相反，旅游院校毕业生的就业形势不容乐观。归根结底一方面是学生的专业素养和国际胜任力不高，另一方面是因为高校忽视学生国际化职业意识的塑造，致使"有业不就"的问题突出。该现象最为典型的代表是旅游高校本科学生在毕业后极少在与旅游相关的岗位上工作，绝大部分另谋出路，例如教育、考研抑或是出国镀金。相对于其他层次的旅游专业学生而言，本科生极少选择在旅游岗位上工作,而这与本科生择业观错误紧密相关。旅游业本质上是第三产业,多服务于他人,特别是餐饮酒店行业,部分本科生错误的以外该类产业需伺候他人,作为天之骄子,自己接受过高等教育,却要看他人脸色做事,内心深处难以接受,故而拒绝从事旅游行业的工作。

　　"双一流"背景下,我国旅游高等教育国际化特色的院校依旧坚持以学生为本,学生对课程的热情与接受程度直接决定着最终的学习效果。注重非智力因素的发展是现阶段旅游行业对旅游人才提出的一个新的要求,而职业意识作为非智力因素极为关键的组成要素,深受教师的高度关注,特别是在本科课程的教学当中,高校极为关注职业意识的培育。但是实践中,绝大多数的学校依旧采用单向知识传输的教学方法,忽略学生职业意识的培养,致使学生缺乏职业意识,择业观念错误,对此旅游高等院校必须将职业意识培育落实到全程教学实践当中。将创新创业教育融入旅游高等教育人才培养全过程,实现资源全覆盖。搭建起理论与实践相结合的创新创业人才培养机制,并在必修课程中专门开设与创新创业相关的理论实践课,以此激发旅游专业学生的创新思维能力和动手实践能力。良好的心态是学生更好地适应学习生活与社会工作的保障。在求职时,学生应当审时度势,切忌好高骛远,准确定位自己,不可因过大的期望而导致自信心受损。在工作时必须保持平稳的心态,热爱自己的工作,勇于承担工作责任,无论何种行业,均应不惧困难,脚踏实地,一步一个脚印前进。"旅游行业是一个与人广泛交往的行业,需要经常与不同经历、不同背景、不同素质的游客接触和交流。从业人员必须具有过硬的心理承受和适应能力,具有较高的涵养和包容素质。"当下许多大学生的自我价值意识过强,步入工作岗位后难以适应由学生到社会人角色的转变,故而,高校在毕业之际对学生进行职业意识的加强培训意义重大。"毕业生就业,是对学生综合素质的全面检验"。相对其他专业的学生而言,旅游专业的学生应当配备更高的综合素养,不仅要在日常学习中努力汲取理论专业知识,还应当注重社会实践,利用假期实习,并在此过程中树立强烈的职业意识。

　　(四)促进学生海内外多渠道就业

　　聚焦培养国际化职业意识,核心在于培养"全球胜任力",即培养学生在国际与多元文化环境中有效学习、工作和与人相处的能力。根据清华大学全球胜任力自测自评工具研究表明,"全球胜任力的提升,是一个持续的、终身学习的过程,需要在认知、人际与个人三个层面不断地探索发展六大核心素养:一是世界知识与全球议题,要了解世界历史、地理、经济与社会发展的知识,理解不同国家的政治和文化差异,关注环境、能源、健康、安全等全球议题,理解人类相互依存、共同发展的重要意义;二是语言,恰当有效地以母语和至少一种外语进行口头与书面表达,能够与国际同行深入探讨专业话题,并通过语言理解、欣赏不同的文化内涵;三是开放与尊重,保持好奇和开放的心态,尊重文化差异,具有跨文化同理心;坦然面对不确定性,适时调整自己的情感与行为;四是沟通与协作,具有合作精神和协调能力,能够与不同文化背景的人友好互动和交流;善于化解冲突与矛盾,能够在跨文化团队中发挥积极作用;五是自觉与自信,深刻认识自己的文化根源与价值观,理解文化对个体思维和行为方式的影响;在跨文化环境中自信得体地表达观点,并通过不断自我审视来提升自己;六是道德与责任,诚实守信,遵守社会伦理,恪守职业道德,坚持在重大事项上做出负责任的决策;勇于承担责任,推动人类的可持续发展。"

图 6-1 "全球胜任力自评自测工具研究课题"成果

6.4 本章小结

本章首先从新技术带来的旅游人力资本价值、旅游产品丰富和旅游服务提升、旅游人力资本教育培训专业化、旅游高等教育研究数字化转型五个方面讨论了国际旅游高等教育发展动态与趋势;其次,探讨了新时代我国旅游高等教育国际化发展的新任务新要求;最后,融会国家、行业、学校、教师、学生视角,系统立体提出持续完善旅游高等教育国际化顶层设计、全面推进旅游高等教育国际化发展新战略、新技术赋能高等教育国际化高质量新格局、全方位加强国际学术交流和国际科研合作、推动建立国际化的高素质专业化教师队伍、助力旅游专业人才留学事业的多元化发展六个方面我国旅游高等教育国际化发展创新路径。

7

研究结论与展望

7.1 研究结论

本文通过比较研究明确了中外旅游高等教育国际化发展的异同和参考借鉴;通过实证研究明确了中国旅游高等教育国际化的影响因素和主要合作模式;结合对于新时代新形势新任务新要求和新技术革命影响及发展趋势的把握,研提了中国旅游高等教育国际化创新路径。

随着旅游高等教育国际化的深入,在未来的一段时间内,旅游高等教育国际化的探索将成为旅游高校关注的焦点问题。第一,旅游高等教育势必会朝着国际化的方向前进。当下,中国处于由旅游大国到旅游强国的转型时期,而国际化是最为典型的特征。伴随着旅游产业国际化的迅猛进步,旅游市场应当结合国际化发展的现实需求打造综合实力强的高素质国际化人才团队,而这也为旅游高等教育国际合作化带来机遇的同时,也造成巨大的挑战。除此之外,旅游高等教育国际化是世界经济一体化的必然要求,是旅游业发展壮大的重要保障。第二,我国在旅游高等教育国际化建设发展中已取得丰硕成果,中国旅游高等教育国际化的步伐持续加快,国内旅游院校同国外一流大学的合作日益紧密,在课程设置、教材选用上逐步与国际化接轨,相信通过坚持开放办学,持续推动国际化战略深入实施,未来我国旅游高等教育国际化可实现高质量发展,在全球的影响力和话语权逐步得以提升。第三,新技术革命的发展为旅游高等教育领域带来了很多机遇和挑战。新技术可以为学生提供更加互动、多样化的学习体验,例如数字孪生、虚拟现实、增强现实等技术可以模拟实际旅游场景,让学生更加深入地了解旅游业的运作。同时,网络课程、在线学习平台也可以使得学生可以更加灵活、更加针对性地学习。此外,新技术可以缩短时间和空间的距离,为旅游高等教育领域的国际交流合作提供更多渠道和模式选择,助推旅游高等教育国际化不断创新发展。然而,我国在旅游高等教育国际化建设中依旧处于起步阶段,实践中面临诸多问题,例如教育国际化理念不够强、师资队伍国际化水平不够高、课程内容比国际化市场需求滞后、中外合作办学质量有待进一步提高、尚未搭建起科学的国际化评价评估指标,而这也是现阶段中国旅游高等教育国际化实践中亟需解决的问题。

对北美、欧洲、澳洲、亚洲等地发达国家旅游高等教育国际化历史、现状和主要特征进行较为系统研究,并进行中外对比分析,虽然各国旅游高等教育发展背景不同、发展方向各有侧重、办学独具自身特色,但有许多共同经验值得参考借鉴:先进教育理念引领,培养目标清晰具体;政府及行业协会发挥重要作用;校企结合,理论联系实际;课程设置灵活,针对性强;配备高质量的双师型队伍;注重学生自我定位,提供就业指导等。当然,我们国际比较主要为了准确把握世界旅游高等教育发展动态与趋势,更好扎根中国大地办教育,争创中国特色、世界一流。

通过调查问卷、建模分析和访谈等深入研究旅游高等教育国际化的影响因素后发现:(1)学生作为旅游高等教育国际化的主体及储备人才,学生经济条件、跨文化交流能力、出国留学的动机以及对海外优质教育资源的需求对国际化发展影响较大,学生需要通过海外经历不断进行学术与实践能力的提升,提高全球胜任力,为自身国际化人才培养和将来职业发展奠定基础;(2)在院校方面,国际化制度及办学理念具备先导性,只有在树立全球性教育观念基础上才能进行正确合理的国际化实践,院校的专业实力和层次能够提供的软硬件环境能力不同,发展旅游高等教育国际化需要一定的经济条件,在此基础上对国际化发展的经费投入会较大程度地影响旅游高等教育发展进程,拥有一支具备国际教育背景的高素质、专业性旅游教师,才能引领旅游教育向更高的国际化水平发展;(3)行业与市场方面,旅游产业国际化发展需培育出一批综合能力强、国际化视野开阔的复合型人才,现阶段旅游国际化人才缺乏,旅游院校应勇担时代赋予的使命,为旅游行业的可持续发展培养亟需的高素质国际化人才;(4)从全球教育的角度看,高校普遍认为政策支持是实现旅游高等教育国际化的首要保障,不仅包括国家对学生"走出去"的支持,也包括其他国家政策对学生"引进来"的力度,教育的开放程度使得全球国际学生可以自由流动。

通过对国内外40多所旅游高等教育知名院校进行实地调研,对教育部国际合作与交流司、留学基金委、留学服务中心、中国教育国际交流协会等国家主管部门相关负责人员深度访谈,和对工作所在院校旅游管理专业国际化持续聚焦研究,归纳辨析出移植模式、嫁接模式、海外实习、走出去办学、混合模式等主要国际合作模式供参考借鉴。但国际合作模式多种多样、各有所长,应与学校发展相,加大创新力度,避免生搬硬套。

中国步入新时代,世界之变、时代之变、历史之变正以前所未有的方式展开,新一轮技术革命和产业变革深入发展,教育数字化转型大趋势盛行。从全球视阈看,在百年未有之大变局和全球疫情交叠下,全球教育开放格局得到深刻改变全球教育开放格局,教育领域合作共生与冲突竞争此消彼长。在此情况下,开放合作是建设教育强国的必然选择,要准确识变、积极应变、主动求变,以开放的确定性应对外部环境的不确定性,加快形成全方位、多层次、宽领域的教育对外开放格局。把握新形势新任务新要求,分析把握新技术革命背景下国际旅游高等教育发展的动态与趋势,和新时代我国旅游高等教育国际化面临的主要挑战,认为旅游高等院校应主动调整对外开放办学布局,更加重视国际化战略实施的系统性整体性协同性下好"先手棋",同时应以开放促改革,以开放促发展,加强内部改革和协同创新,练好"自主内功"。并综合上述研究,提出六方面我国旅游高等教育国际化发展创新路径:持续完善旅游高等教育国际化顶层设计;全面推进旅游高等教育国际化发展新战略;新技术赋能高等教育国际化高质量新格局;全方位加强国际学术交流和国际科研合作;推动建立国际化的高素质专业化教师队伍;助力旅游专业人才留学事业的多元化发展。希望以上对策路径能有助于推动旅游高等教育国际化实现新的跨越,强化高素质国际化人才培养,进而助推我国旅游高等教育高质量发展,为旅游业可持续发展带来强劲动力。

7.2　研究不足与展望

旅游高等教育国际化是个全方位国际化的过程,这其中包括教育理念国际化、专业设置国际化、培养目标国际化、课程体系国际化、师资结构国际化、学生来源国际化、教学方式方法国际化、培养过程国际化、学术研究国际化、就业实习国际化、评估评价国际化等多方面的内容。旅游高等教育国际化不只是办学理念改变,更是涉及国家、行业、学校、教师、学生各方主体的教育实践活动。旅游高等教育国际化实践中势必会面临全球合作与国家竞争、教育产业、旅游产业、人才流动、服务贸易等层面的一系列问题,对此我们应当合理对待。旅游高等教育国际化是一个涵盖教育、经济、管理、人文交流等多元化多维度多层面的复杂过程,因能力与认知上的不足,本人多从客观理性的角度研究旅游高等教育,研究的逻辑性和系统性需进一步增强。随着国家新的发展历史定位和新技术革命的深入影响,在新形势新任务新要求下,旅游高等教育国际化的发展日新月异,结合综合评估、科学预测、系统动力学、组态分析等方法加强量化研究,对旅游高等教育国际化的发展水平、发展趋势、提升路径等内容进行连贯、持续的动态研究,这也是本研究今后要改进优化和不断深入的重点。

参考文献

[1] Cater E. Ecotourism in the third world: Problems for sustainable tourism development[J]. *Tourism Management*, 1993, *14*(2): 85-90.

[2] Winter T. Rethinking tourism in Asia[J]. *Annals of Tourism Research*, 2007, *34*(1): 27-44.

[3] Jeaheng Y, Han H. Thai street food in the fast growing global food tourism industry: Preference and behaviors of food tourists[J]. *Journal of Hospitality and Tourism Management*, 2020, *45*: 641-655.

[4] Xu Z. Promoting the Integration of China's Tourism Industry into the New Development Pattern with Dual Circulation[J]. *China Finance and Economic Review*, 2022, *10*(4): 115-129.

[5] Goffi G, Cucculelli M, Masiero L. Fostering tourism destination competitiveness in developing countries: The role of sustainability[J]. *Journal of cleaner production*, 2019, *209*: 101-115.

[6] Balsalobre-Lorente D, Driha O M, Shahbaz M, et al. The effects of tourism and globalization over environmental degradation in developed countries[J]. *Environmental Science and Pollution Research*, 2020, *27*: 7130-7144.

[7] Roxas F M Y, Rivera J P R, Gutierrez E L M. Framework for creating sustainable tourism using systems thinking[J]. *Current Issues in Tourism*, 2020, *23*(3): 280-296.

[8] Lee J W, Brahmasrene T. Investigating the influence of tourism on economic growth and carbon emissions: Evidence from panel analysis of the European Union[J]. *Tourism Management*, 2013, *38*: 69-76.

[9] Huang S, Li S N, Wen J. Facing the new normal: Special issue on tourism economics in China[J]. *Tourism Economics*, 2020, *26*(2): 205-210.

[10] Xiong Y, Zhang Y, Lee T J. The rural creative class: An analysis of in-migration tourism entrepreneurship[J]. *International Journal of Tourism Research*, 2020, *22*(1): 42-53.

[11] Kravariti F, Voutsina K, Tasoulis K, et al. Talent management in hospitality and tourism: a systematic literature review and research agenda[J]. *International Journal*

of Contemporary Hospitality Management, 2022, *34*（1）: 321-360.

[12]   Gao Y, Su W, Wang K. Does high-speed rail boost tourism growth? New evidence from China[J]. *Tourism Management*, 2019, *72*: 220-231.

[13]   Liu C, Dou X, Li J, et al. Analyzing government role in rural tourism development: An empirical investigation from China[J]. *Journal of Rural Studies*, 2020, *79*: 177-188.

[14]   Spencer-Oatey H, Dauber D. What is integration and why is it important for internationalization? A multidisciplinary review[J]. *Journal of Studies in International Education*, 2019, *23*（5）: 515-534.

[15]   De Wit H, Altbach P G. Internationalization in higher education: global trends and recommendations for its future[J]. *Policy Reviews in Higher Education*, 2021, *5*（1）: 28-46.

[16]   Yuan R, Li S, Yu B. Neither "local" nor "global": Chinese university students' identity paradoxes in the internationalization of higher education[J]. *Higher Education*, 2019, *77*: 963-978.

[17]   Liu C H. Local and international perspectives of the influence of creative experiences of Chinese traditional culture on revisit intentions[J]. *Current Issues in Tourism*, 2020, *23*（1）: 17-35.

[18]   Shang Y. Research on the training mode of compound tourism English talents in coastal cities under the background of global tourism[J]. *Journal of Coastal Research*, 2020, *115*（SI）: 90-92.

[19]   Zhao H. Diversified education strategies and objectives for advanced tourism talents[J]. *International Journal of Emerging Technologies in Learning*（*iJET*）, 2021, *16*（20）: 148-162.

[20]   Johnson K R, Huang T, Doyle A. Mapping talent development in tourism and hospitality: a literature review[J]. *European Journal of Training and Development*, 2019, *43*（9）: 821-841.

[21]   Marinakou E, Giousmpasoglou C. Talent management and retention strategies in luxury hotels: evidence from four countries[J]. *International Journal of Contemporary Hospitality Management*, 2019, *31*（10）: 3855-3878.

[22]   Bowan D, Dallam G. Building bridges: overview of an international sustainable tourism education model[J]. *Journal of Teaching in Travel & Tourism*, 2020, *20*（3）: 202-215.

[23]   Goh E, King B. Four decades（1980-2020）of hospitality and tourism higher education

in Australia: Developments and future prospects[J]. *Journal of Hospitality & Tourism Education*, 2020, 32(4): 266-272.

[24] Barkathunnisha A B, Diane L, Price A, et al. Towards a spirituality-based platform in tourism higher education[J]. *Current Issues in Tourism*, 2019, 22(17): 2140-2156.

[25] Seraphin H, Yallop A C, Smith S M, et al. The implementation of the Principles for Responsible Management Education within tourism higher education institutions: A comparative analysis of European Union countries[J]. *The International Journal of Management Education*, 2021, 19(3): 100518.

[26] Hatipoglu B, Ertuna B, Sasidharan V. A referential methodology for education on sustainable tourism development[J]. *Sustainability*, 2014, 6(8): 5029-5048.

[27] Arranz N, Ubierna F, Arroyabe M F, et al. The effect of tourism education on students' entrepreneurial vocation[J]. *Scandinavian Journal of Hospitality and Tourism*, 2017, 17(3): 312-330.

[28] Le A H, McDonald C V, Klieve H. Hospitality higher education in Vietnam: Voices from stakeholders[J]. *Tourism Management Perspectives*, 2018, 27: 68-82.

[29] Christou E, Sigala M. Innovation in hospitality and tourism education[J]. *The International Journal of Tourism Research*, 2002, 4(1): 65.

[30] Nella A, Christou E. Extending tourism marketing: Implications for targeting the senior tourists'segment[J]. *Journal of Tourism, Heritage & Services Marketing*, 2016, 2(1): 36-42.

[31] Churchward J, Riley M. Tourism occupations and education: an exploration study[J]. *International Journal of Tourism Research*, 2002, 4(2): 77-86.

[32] Becton S, Graetz B. Small business—small minded? Training attitudes and needs of the tourism and hospitality industry[J]. *International Journal of Tourism Research*, 2001, 3(2): 105-113.

[33] Dwyer L, Edwards D, Mistilis N, et al. Destination and enterprise management for a tourism future[J]. *Tourism Management*, 2009, 30(1): 63-74.

[34] Bui H T, So K K F, Kwek A, et al. The impacts of self-efficacy on academic performance: An investigation of domestic and international undergraduate students in hospitality and tourism[J]. *Journal of Hospitality, Leisure, Sport & Tourism Education*, 2017, 20: 47-54.

[35] Altbach P G, Knight J. The internationalization of higher education: Motivations and realities[J]. *Journal of Studies in International Education*, 2007, 11(3-4): 290-305.

[36] Sangpikul A. Internationalization of hospitality and tourism higher education: A

perspective from Thailand[J]. *Journal of Teaching in Travel & Tourism*, 2009, *9*(1-2): 2-20.

[37] Butts R F. Civilization as historical process: meeting ground for comparative and international education[J]. *Comparative Education*, 1967, *3*(3): 155-168.

[38] Knight J. Internationalization: management strategies and issues[J]. *International Education Magazine*, 1993, *9*(6): 21-22.

[39] Wende M V D, Marginson S. Globalization and higher education[J]. *OECD Education Working Papers*, 2007, *8*(1): 137-139.

[40] Altbach P G. Higher education crosses borders: Can the United States remain the top destination for foreign students?[J]. *Change: The Magazine of Higher Learning*, 2004, *36*(2): 18-25.

[41] Cheng M, Kitagawa F, Osborne M. The evolution of internationalisation strategy: a case study of the University of Nottingham[J]. *International Journal of Knowledge-Based Development*, 2017, *8*(3): 292-308.

[42] De Wit H. Globalisation and internationalisation of higher education[J]. *Revista de Universidad Sociedad del Conocimiento*, 2011, *8*(2): 241-248.

[43] Hudzik J K. Comprehensive internationalization: Institutional pathways to success[M]. Routledge, 2014.

[44] Grieves M, Vickers J. Digital twin: Mitigating unpredictable, undesirable emergent behavior in complex systems[J]. Transdisciplinary perspectives on complex systems: New findings and approaches, 2017: 85-113.

[45] Tao F, Zhang M, Liu Y, et al. Digital twin driven prognostics and health management for complex equipment[J]. *Cirp Annals*, 2018, *67*(1): 169-172.

[46] Radford A, Wu J, Child R, et al. Language models are unsupervised multitask learners[J]. *OpenAI Blog*, 2019, *1*(8): 9.

[47] Brown T, Mann B, Ryder N, et al. Language models are few-shot learners[J]. *Advances in Neural Information Processing Systems*, 2020, *33*: 1877-1901.

[48] 魏敏, 魏海湘, 黄海玉. 疫情下旅游经济韧性与高质量发展 [J]. 旅游学刊, 2022, 37(09): 5-7.

[49] 曾国军, 林家惠. 疫情背景下酒店业韧性建设与高质量发展 [J]. 旅游学刊, 2022, 37(09): 10-12.

[50] 马仁锋, 焦会莹, 姜文达, 等. 全球法语国家与地区旅游高等教育研究的述评与展望——基于中国研究的视角 [J]. 旅游研究, 2021, 13(03): 75-87.

[51] 阎光才. 大学的人文之旅 [M]. 北京: 北京教育科学出版社, 2005.

[52] 赵西萍. 旅游企业人力资源管理 [M]. 天津：南开大学出版社,2001.

[53] 张建伟,李鹏,张学娟. 旅游管理专业的产学研结合人才培养实践研究 [J]. 山东行政学院山东省经济管理干部学院学报,2008(S1)：36-38.

[54] 马勇,周霄. WTO 与中国旅游产业发展新论 [M]. 北京：科学出版社,2003.

[55] 国家旅游局. 中国旅游业发展"十一五"规划纲要专题篇 [G]. 北京：北京中国旅游出版社,2008.

[56] 马晓芬,戴斌. 旅游人才高质量培养的新时代课题 [J]. 旅游学刊,2022,37(08)：10-12.

[57] 李君轶,贺哲. 以学科交叉推动旅游复合型创新型人才培养 [J]. 旅游学刊,2022,37(08)：7-9.

[58] 黄可. 智慧旅游人才创新创业能力培养与探索 [J]. 社会科学家,2021(06)：56-60.

[59] 杨美霞. 新时代旅游人才培养供给侧改革路径 [J]. 社会科学家,2022(01)：52-56.

[60] 赵涛. 贵州旅游英语教育国际化研究 [J]. 贵州社会科学,2007(09)：133-136.

[61] 梁涛. 广西高校小语种旅游人才培养探究 [J]. 教育评论,2011(06)：114-116.

[62] 闭闲,杨红英. 基于投影寻踪模型的康养旅游人才环境评价研究 [J]. 社会科学家,2021(04)：47-51.

[63] 徐红罡,张朝枝. 中外旅游教育比较分析与启示 [J]. 旅游学刊,2004(S1)：26-30.

[64] 田里,马勇,杜江. 中国旅游管理专业教育教学改革与发展战略研究 [M]. 北京：高等教育出版社,2007：316.

[65] 傅桦,吴雁华. 旅游教育与就业 [M]. 北京：中国环境科学出版社,2008：126.

[66] 刘文彬. 我国旅游高等教育的困境与突围 [J]. 当代教育科学,2015(05)：41-43.

[67] 谢彦君. 旅游与接待业研究：中国与国外的比较——兼论中国旅游学科的成熟度 [J]. 旅游学刊,2003(05)：20-25.

[68] 龙江智. 中国旅游高等教育的另类解读 [J]. 旅游学刊,2005(S1)：16-22.

[69] 吴必虎,邢珏珏. 旅游学学科树构建及旅游学研究的时空特征分析——《旅游研究纪事》30 年 [J]. 旅游学刊,2005(04)：73-79.

[70] 于萍. 比较旅游管理 [M]. 成都：西南财经大学出版社,2008：46.

[71] 蔡靖方,马勇,刘名俭. 新时期高校旅游管理专业人才培养的几点思考 [J]. 沙洋师范高等专科学校学报,2004(05)：57-59.

[72] 张岩,顾文静. 旅游教育与高素质旅游专业人才的培养 [J]. 辽宁教育研究,

2004（05）：59-60.

[73] 史灵歌．中外旅游专业人才培养模式比较研究［C］.//2009' 中国旅游高等教育国际化高峰论坛国际化:旅游高等教育的机遇与挑战论文集．2009:313-319.

[74] 陈肖静．转变旅游教育观念,培养跨世纪创新人才——澳大利亚国际旅馆学校的启示［J］.旅游科学,2000（03）:40-42.

[75] 邓晓春．顺应经济全球化进程深化高校人才培养模式改革［J］.中国高教研究,2002（02）:35-37.

[76] 刘永辉,王高峰,孙吉．"双一流"背景下应用型高校人才培养策略分析［J］.科教文汇（中旬刊）,2020（10）:45-46.

[77] 袁小平．"双一流"目标下创新创业应用型人才培养探赜［J］.广西教育学院学报,2020（05）:194-198.

[78] 廖萍,朱湘辉．论旅游人力资源的开发与管理［J］.商业时代,2008（30）:91-97.

[79] 何建民．基于战略管理理论与国际经验的我国旅游高等教育发展定位与创新［J］.旅游学刊,2008（02）:6-7.

[80] 陈志学,余昌国．旅游人才开发管理中的十大关系［J］.旅游学刊,2003（S1）:6-9.

[81] 王美萍．高职旅游教育人才培养模式现状的主因素分析［J］.旅游学刊,2009,24（11）:85-89.

[82] 曾月征,贺小武．试析我国旅游人力资源开发［J］.湖南大众传媒职业技术学院学报,2006（01）:106-108.

[83] 刘伏英．中外旅游高等教育"校企合作"模式差异探讨［J］.中国高教研究,2008（07）:89-90.

[84] 张培茵,王玉．旅游高等教育校企合作人才培养模式的构建［J］.黑龙江高教研究,2009（10）:163-165.

[85] 吴水田,陈平平．旅游高等教育校企合作中的"一二三"模式研究——以广州大学中法旅游学院为例［J］.旅游论坛,2009,2（04）:619-623.

[86] 刘志江．我国旅游教育的回顾与前瞻［J］.旅游学刊,1996（S1）:9-12.

[87] 王景荣．关于旅游教育学科类归属问题的探讨［J］.北京联合大学学报,1996（01）:58-66.

[88] 申葆嘉．论旅游学科建设与高等旅游教育［J］.旅游学刊,1997（S1）:21-24.

[89] 卢华语．关于高校旅游专业本科课程设置的几个问题［J］.桂林旅游高等专科学校学报,1999（S2）:140-142.

[90] 汤利华．职业教育的基本特征对旅游高等教育的启示［J］.旅游学刊,2004（S1）:80-86.

[91] 王健 . 关于旅游学科发展与旅游管理专业课程体系建设的思考 [J]. 旅游学刊，2008（03）：19-23.

[92] 王枬 . 竞争与整合：中国旅游教育发展与广西的对策 [J]. 旅游学刊，2004（S1）：9-14.

[93] 刘赵平，凯茜·恩兹 . 康乃尔酒店管理学院核心资源及持续竞争优势分析——兼议对中国旅游接待业教育的启示 [J]. 旅游学刊，2006（S1）：27-33.

[94] 王书翠 . 欧美旅游接待业教育比较——兼探讨中国旅游教育的发展思路 [J]. 社会科学家，2008（07）：93-95＋103.

[95] 狄保荣 . 突破与重构：中国旅游职业教育体系创新 [J]. 旅游学刊，2015，30（10）：10-11.

[96] 邱汉琴 . 中国旅游发展笔谈——新时代一流旅游本科教育建设 [J]. 旅游学刊，2020，35（05）：1.

[97] 赵鹏，王慧云 . 面向 21 世纪旅游管理类专业教学内容与课程体系的改革研究 [J]. 旅游学刊，1998（S1）：21-27.

[98] 田喜洲 . 21 世纪旅游管理专业（本科）课程体系研究 [J]. 湘潭大学社会科学学报，2000（S1）：186-189.

[99] 罗兹柏，罗有贤 . 高等教育旅游管理专业课程体系设计研究 [J]. 旅游学刊，1997（S1）：58-59.

[100] 林刚 . 管理类学科中旅游管理专业的教学内容及课程体系初探 [J]. 旅游学刊，1998（S1）：66-69.

[101] 章平，陶永波 . 构建面向 21 世纪的旅游高等职业教育课程体系 [J]. 宁波大学学报（教育科学版），2000（06）：51-54.

[102] 黄松山 . 澳大利亚的旅游高等教育与旅游学科建设 [J]. 旅游学刊，2019，34（11）：8-11.

[103] 田里，刘亮 . 新文科背景下旅游高等教育课程体系构建 [J]. 旅游学刊，2022，37（08）：3-5.

[104] 保继刚，朱峰 . 中国旅游本科教育萎缩的问题及出路——对旅游高等教育 30 年发展现状的思考 [J]. 旅游学刊，2008（05）：13-17.

[105] 何海燕，舒波 . 旅游本科教育供需悖论的经济学解释及其化解 [J]. 北京第二外国语学院学报，2011，33（09）：77-82.

[106] 伍延基 . 国内旅游高等教育发展面临的问题 [J]. 旅游学刊，2004（03）：7-8.

[107] 纪培玲，路军 . 基于人才资源需求的旅游教育分层培养模式研究 [J]. 旅游学刊，2005（S1）：57-61.

[108] 谢春山，徐东北 . 旅游高等教育中的悖论现象及其对策 [J]. 旅游论坛，2010，

3（06）：805-809.

[109] 魏小安,厉新建.旅游管理专业建设若干问题思考[J].旅游学刊,2005（S1）：30-33.

[110] 郎玉屏.未来旅游人才培养的方向和途径探索[J].西南民族大学学报（人文社科版）,2003（10）：50-52.

[111] 潘素玲.中国旅游高等教育发展的问题及对策研究[J].重庆大学学报（社会科学版）,2009,15（05）：161-166.

[112] 李云.浅谈高职院校旅游专业模拟实践教学[J].中国成人教育,2014（14）：168-169.

[113] 徐浩贻.发达国家产学研合作教育的发展与启示[J].湖南工程学院学报（社会科学版）,2005（03）：89-91.

[114] 吕迎春.对国外旅游教育的思考[J].辽宁行政学院学报,2007（10）：147+149.

[115] 黄建伟.旅游高等院校产学研合作教育模式的中外比较研究——以康奈尔大学酒店学院与北京联合大学旅游学院为例[J].旅游学刊,2009,24（02）：87-91.

[116] 赵鹏.试论美国旅游高等教育的"校企结合"模式[J].桂林旅游高等专科学校学报,1998（02）：68-71.

[117] 赵鹏.努力实现旅游院校"校企合作,产、学、研一体化"办学之路的新突破[J].旅游学刊,2003（S1）：12-14.

[118] 侯国林.高校旅游管理专业实习模式反思与创新[J].旅游学刊,2004（S1）：143-146.

[119] 苏甦.旅游管理专业本科教育实践教学模式的创新研究[J].湖北经济学院学报（人文社会科学版）,2007（03）：191-193.

[120] 张龙,郑耀星.高校旅游管理专业实践教学改革[J].福建论坛（人文社会科学版）,2007（S1）：156-158.

[121] 刘文涛.基于能力培养的旅游管理专业实践教学环节探析[J].广东技术师范学院学报,2008（05）：89-92.

[122] 张文莲.高职院校旅游管理专业实践教学体系构建[J].中国科技信息,2009（09）：273-274.

[123] 陈丹红,赵冰梅.旅游管理专业实践教学的体系构建和实施途径[J].沈阳航空工业学院学报,2006（06）：119-121.

[124] 王素珍,张利民.旅游管理专业"五结合"实践教学模式研究[J].大众科技,2008（10）：175+156.

[125] 吕欣.高职旅游管理专业的实践教学模式探索[J].辽宁高职学报,2009,

11（03）：73-75.

[126] 张洪双．旅游管理专业实践教学模式的思考与探索［J］．黑龙江教育（高教研究与评估），2007（11）：63-64.

[127] 宫斐．广西旅游实践教学模式探析［J］．现代教育技术，2009,19（05）：126-128.

[128] 曹国新．我国旅游专业实训教学质量管理的现状、问题与对策［J］．旅游论坛，2009,2（02）：313-316.

[129] 王林浩,沈姗姗．比较教育理论分析框架的历史演进及其启示［J］．清华大学教育研究,2020,41（03）：52-65.

[130] 郭永胜．高校旅游专业师资队伍培养和建设探析［J］．河北师范大学学报（教育科学版），2004（02）：85-89.

[131] 王建平,崔凯．对瑞士理诺士酒店管理学院的考察及启示［J］．职教通讯，2002（09）：56-58.

[132] 编辑部．世界旅游酒店教育名校之瑞士篇［J］．酒店现代化，2005（03）：43-44.

[133] 陶飞,张萌,程江峰,戚庆林．数字孪生车间——一种未来车间运行新模式［J］．计算机集成制造系统,2017,23（01）：1-9.

[134] 陶飞,刘蔚然,张萌,等．数字孪生五维模型及十大领域应用［J］．计算机集成制造系统,2019,25（01）：1-18.

[135] 杨景然．数字孪生驱动下桂林智慧文旅服务场景研究［D］．桂林:桂林电子科技大学,2022.

[136] 凌强．日本旅游教育新特点探析［J］．日本问题研究,2006（04）：40-44.

[137] 汪霞．大学课程国际化中教师的参与［J］．高等教育研究,2010,31（3）：64-70.

[138] 刘锦．奋力书写新时代中国教育对外开放壮丽篇章［J］．神州学人,2023（01）：0-1

[139] 李淑芳,衣玉芳．教师队伍整体结构与发展趋势分析——以北京联合大学旅游学院为例［J］．旅游学刊,2004（S1）：103-106.

[140] 李虹．构建复合型师资队伍是发展旅游教育的必由之路［J］．辽宁师范大学学报,2001（06）：47-49.

[141] 林伯明．旅游院校"双师型"师资队伍建设的思考——以桂林旅游高等专科学校为例［J］．桂林旅游高等专科学校学报,2004（05）：81-85.

[142] 周江林．旅游高职高专院校"双师型"师资队伍建设研究［J］．教育与职业,2007（03）：51-52.

[143] 徐立国．高等职业教育人才培养模式的内涵与构成［J］．陕西教育（高教版），2008（09）：24.

[144] 杨杏芳．高等教育人才培养模式嬗变的历史轨迹［J］．黑龙江高教研究,

2002（03）：114-117.

[145] 陈钢华,黄远水.旅游院校人才培养合作模式的分类及其影响因素分析[J].桂林旅游高等专科学校学报,2008（01）：154-158.

[146] 中华人民共和国教育部高等教育司.必由之路:高等职业教育产学研结合操作指南[M].北京:高等教育出版社,2004.

[147] 曹曼娇.旅游院校校企合作教育模式研究[D].大连:辽宁师范大学,2009.

[148] 杨启光.教育国际化进程与发展模式[M].社会科学文献出版社,2011.

[149] 李盛兵,刘冬莲.高等教育国际化动因理论的演变与新构想[J].高等教育研究,2013,34（12）：29-34.

[150] 曲晓慧,冯毅.我国高等教育国际化发展路径研究[J].学习与探索,2018（05）：32-37.

[151] 曹帅.高等教育国际化发展路径探究[J].中国出版,2019（21）：69.

[152] 陈飞宇."一带一路"背景下高等教育国际化发展探析[J].山东社会科学,2019（07）：128-132.

[153] 黄松山.我国旅游高等教育发展存在的问题和对策[J].桂林旅游高等专科学校学报,2001（02）：66-69.

[154] 谷慧敏,Raphael R. Kavanaugh,俞聪.中国旅游教育发展现状与对策研究[J].旅游学刊,2005（S1）：22-29.

[155] 赵杰.我国旅游高等教育现状与对策研究[D].北京:中国地质大学,2006.

[156] 谢雨萍.高职高专旅游院校国际化发展的战略思考——以桂林旅游高等专科学校为例[J].桂林旅游高等专科学校学报,2008（03）：439-442＋447.

[157] 朱倩倩.高等旅游职业教育国际化进程的影响因素研究[J].教育与职业,2008（24）：152-153.

[158] 王春雷,高峰.2009'中国旅游高等教育国际化高峰论坛会议综述[J].旅游科学,2009,23（03）：76-79.

[159] 杨卫武.论大旅游格局下的旅游高等教育[J].旅游科学,2010,24（05）：8-16.

[160] 冯娴慧,张俐俐.韶关市旅游资源系统整合与深度开发的构想[J].华南理工大学学报（社会科学版）,2008（01）：58-60.

[161] 梁文慧,李玺.澳门旅游教育本土化和国际化发展策略研究[C].//2011中国旅游研究年会论文集.2011:283-294.

[162] 王艳平.高等旅游教育的国际化与属地化——对比中日旅游教育[J].旅游学刊,2003（S1）：164-166.

[163] 赵鹏.旅游高等教育研究第一辑[M].北京:北京旅游教育出版社,2009.

[164] 陈锡畴.对旅游职业教育国际化的思考[J].教育探索,2007（10）：36-37.

[165] 王德刚,邢鹤龄.旅游利益论 [J].旅游科学,2011,25(02):8-15.

[166] JTBTRAVELCOLLEGE[EB/OL].http://www.jtb-college.ac.jp/index.html, 2006-8-9.

[167] 宋子千.旅游研究如何形成理论贡献 [J].中国旅游评论,2020(4):62-68.

[168] 姚佳,甘德欣.GIS 在风景名胜区规划中的应用研究 [J].湖南农业大学学报(自然科学版),2012,38(S1):182-185.

[169] 杨金华,章锦河,陆佩,等.GIS 在旅游研究中的应用进展 [J].资源开发与市场,2018,34(10):1450-1455.

[170] 王英杰,张桐艳,李鹏,等.GIS 在中国旅游资源研究与应用中的现状及趋势 [J].地球信息科学学报,2020,22(04):751-759.

[171] 赵鹏,俞继凤.从中文期刊载文统计分析透视国内旅游教育研究的发展 [J].旅游学刊,2007(09):75-79.

[172] 贾玉云,谢春山.中国旅游教育研究的述评与展望 [J].桂林旅游高等专科学校学报,2008(03):451-455.

[173] 李鹏,虞虎,李仁杰,等.旅游资源格网化框架及其空间分析方法——以青岛市为例 [J].地域研究与开发,2022,41(01):104-109+121.

[174] 李莉,陈雪钧.康养旅游产业创新发展的影响因素研究 [J].企业经济,2020,39(07):116-122.

[175] 马勇,唐娟.旅游管理专业人才培养模式与质量保证体系研究 [J].旅游学刊,2003(S1):127-130.

[176] 屈正庚,张林,韩波,等.应用 AHP 模型的商洛旅游业发展水平影响因素评价 [J].重庆理工大学学报(自然科学),2018,32(02):158-165.

[177] 尹奎.基于绿色旅游的乡村发展影响因素分析 [J].中国农业资源与区划,2019,40(06):207-213.

[178] 石丹,杨慧.基于多层次灰色方法的生态旅游发展潜力评价及实证研究 [J].中国农业资源与区划,2019,40(02):40-48.

[179] 张彩红,薛伟,辛颖.玉舍国家森林公园康养旅游可持续发展因素分析 [J].浙江农林大学学报,2020,37(04):769-777.

[180] 于莹,陈东田,郝腾飞,等.智慧旅游视角下的泰山登山中路标识系统影响因子研究 [J].山东农业大学学报(自然科学版),2019,50(02):211-215.

[181] 陈慧霖,李加林,王中义,等.乡村振兴背景下浙江省 3A 级景区村庄空间结构特征与影响因子分析 [J].自然资源学报,2022,37(09):2467-2484.

[182] 蒋明珠,熊巨洋,陈夏燕,等.高等教育国际化内涵的演变及对我国卫生管理专业国际化的启示 [J].中国卫生事业管理,2019,36(01):54-58.

[183] ［日］喜多村和之. 大学教育国际化［M］. 东京：玉川大学出版部，1984：254.

[184] 王英杰. 广义国际化与世界一流大学建设［J］. 比较教育研究，2018，40（07）：3-10，86.

[185] 伍宸，宋永华. "双一流"建设背景下高等教育国际化办学价值取向及绩效评估体系建构［J］. 中国高教研究，2019（05）：6-12.

[186] 顾明远. 教育大辞典［M］. 上海：上海教育出版社，1998.

[187] 刘耿大. 论旅游经济学的学科体系与定位［J］. 上海社会科学院学术季刊，1998（04）：42-51.

[188] 姚先林. 新常态下旅游经济的发展策略——评《旅游经济学》［J］. 当代财经，2020（12）：2＋155.

[189] 郭胜.《旅游经济学》若干概念新解［J］. 改革与战略，2005（03）：106-107.

[190] 田喜洲. 美国的旅游职业教育［J］. 职业技术，2004（5）：60＋54.

[191] 李柏文，韦航. 旅游新经济理论辨析及其发展引导［J］. 学术论坛，2014，37（06）：76-79.

[192] 张俊娇，姚延波. 一流本科专业建设"双万计划"背景下我国旅游教育国际认证的新思路［J］. 旅游学刊，2020，35（05）：4-6.

[193] 吴必虎，黎筱筱. 中国旅游专业教育发展报告［J］. 旅游学刊，2005（S1）：9-15.

[194] 田建国. 推进教育观念创新［J］. 云南教育（视界综合版），2009（10）：46-47.

[195] 胡金平. 当代中国若干教育理念的反思［J］. 南京师大学报（社会科学版），2001（05）：68-73.

[196] 赵森，易红郡. 迈向科学化：我国比较教育学科危机的应对及未来之路［J］. 比较教育学报，2021（04）：15-30.

[197] 俞凌云，张欣琪，林杰. 比较教育案例研究法：适切性、代表性与规范性——基于我国2011年至2021年博士学位论文的内容分析［J］. 比较教育研究，2023，45（02）：23-36.

[198] 侯佳，侯怀银. 论比较教育学学术体系的多维存在性［J］. 比较教育研究，2022，44（09）：3-11.

[199] 陈时见，王远. 比较教育学科发展的历史演进及未来走向［J］. 教育研究，2019，40（01）：55-65.

[200] 高波. 全球化时代的经济发展理论创新［J］. 南京大学学报（哲学. 人文科学. 社会科学版），2013，50（01）：13-26，158-159.

[201] 商志晓. 构建面向经济全球化的中国特色社会主义文化理论——《全球化与当代中国文化发展研究》（丛书）述评［J］. 理论学刊，2009（12）：125-126.

[202] 丰子义. 全球化视域中的马克思社会发展理论［J］. 高校理论战线，2011（01）：

24-30.

[203] 覃蕾 . "一带一路"国家的国际学生流动影响因素研究［D］. 成都：电子科技大学，2019.

[204] 柯亨 . 亚当斯密与《国富论》：中英双语版［M］. 大连：大连理工大学出版社，2008.

[205] 程恩富，胡靖春 . 论我国劳动收入份额提升的可能性、迫切性与途径［J］. 经济学动态，2010，No. 597（11）：33-39.

[206] 张传兵，居来提·色依提 . 萨伊《政治经济学概论》中销售论和消费论的再认识［J］. 哈尔滨学院学报，2021，42（12）：77-79.

[207] 杜丽群，王欢 . 家庭经济学视角下人力资本理论研究进展［J］. 经济学动态，2021（05）：129-145.

附　录　教育部涉外监管网公布的中外合作办学机构与项目（含内地与港台地区合作办学机构与项目）名单

项目／机构	层次	名称
合作办学机构	／	宁波大学昂热大学联合学院
		浙江旅游职业学院中澳国际酒店管理学院
		北京师范大学-香港浸会大学联合国际学院
		海南大学亚利桑那州立大学联合国际旅游学院
		北京体育大学阿尔伯塔国际休闲体育与旅游学院
		东北财经大学萨里国际学院
		吉林大学莱姆顿学院
		苏州百年职业学院
		海南经贸职业技术学院乌拉尔学院
		烟台大学枫叶国际商学院
		青岛大学霍尔姆斯学院
		太原师范学院中加希尔克学院
		沈阳工程学院红河国际学院
合作办学项目	博士	浙江大学与香港理工大学合作举办酒店及旅游管理博士学位教育项目
	硕士	浙江大学与香港理工大学合作举办酒店及旅游业管理硕士学位教育项目
		宁波大学与法国昂热大学合作举办旅游管理专业硕士研究生教育项目（已并入宁波大学昂热大学联合学院）
		华中师范大学与美国科罗拉多州立大学合作举办区域旅游与环境硕士学位教育项目
		华中师范大学与美国科罗拉多州立大学合作举办自然旅游与生态保护专业硕士学位教育项目
	本科	宁波大学与法国昂热大学合作举办旅游管理专业本科教育项目（已并入宁波大学昂热大学联合学院）
		广州大学与法国昂热大学合作举办旅游管理专业本科教育项目
		海南热带海洋学院（原琼州学院）与奥地利克雷姆斯国际管理中心应用技术大学合作举办旅游管理专业本科教育项目
		福建农林大学金山学院与加拿大圣文森山大学合作举办旅游管理专业本科教育项目

项目/机构	层次	名称
合作办学项目	本科	青岛大学与奥地利克雷姆斯高等专业学院合作举办旅游管理专业本科教育项目
		河南师范大学与美国南俄勒冈大学合作举办旅游管理专业本科教育项目
		黑河学院与俄罗斯南乌拉尔国立大学合作举办旅游管理专业本科教育项目
		大连大学与澳大利亚南十字星大学合作举办旅游管理专业本科教育项目
		长春师范大学与澳大利亚南十字星大学合作举办旅游管理专业本科教育项目
		南宁师范大学与英国卡迪夫城市大学合作举办旅游管理专业本科教育项目
		贵州大学与英国林肯大学合作举办旅游管理专业本科教育项目
	专科	北京农业职业学院与美国卡比奥尼拉社区学院合作举办旅游管理专业高等专科教育项目
		北京财贸职业学院与新西兰怀阿里奇理工学院合作举办旅游管理专业高等专科教育项目
		上海大学与澳大利亚威廉·安格利斯技术和继续教育学院合作举办旅游管理专业高等专科教育项目
		上海工商职业技术学院与台湾观光学院合作举办旅游管理（餐饮方向）专业高等专科教育项目
		上海工商外国语职业学院与西班牙萨拉曼卡大学合作举办应用西班牙语专业（旅游管理方向）高等专科教育项目
		重庆商务职业学院与西班牙卡斯蒂利亚拉曼却大学合作举办旅游管理专业高等专科教育项目
		钟山职业技术学院与澳大利亚北墨尔本高等技术学院合作举办旅游管理专业高等专科教育项目
		南京晓庄学院与韩国又松大学合作举办旅游管理专业高等专科教育项目
		常州工学院与加拿大荷兰学院合作举办酒店与饭店管理专业高等专科教育项目
		江苏联合职业技术学院与新西兰北方理工学院合作举办旅游管理专业专科项目
		江阴职业技术学院与加拿大圣劳伦斯应用文理和技术学院合作举办旅游管理专业专科教育项目
		南京铁道职业技术学院与美国卡比奥拉尼社区学院合作举办旅游管理专业专科教育项目
		硅湖职业技术学院与新西兰奥克兰商学院合作举办旅游管理专业专科教育项目
		南京工业职业技术学院与加拿大希尔克学院合作举办旅游与酒店管理专业专科教育项目
		江苏第二师范学院与澳大利亚南十字星大学合作举办旅游管理专业专科教育项目
		江苏经贸职业技术学院与荷兰泽兰德大学合作举办国际酒店与旅游管理专业中外合作教育项目
		南通航运职业技术学院与新加坡新瑞教育学院合作举办涉外旅游专业专科项目
		浙江旅游职业学院与澳大利亚威廉．安格理斯技术与继续教育学院合作举办旅游管理专业高等专科教育项目（已并入浙江旅游职业学院中澳国际酒店管理学院）

项目/机构	层次	名称
合作办学项目	专科	宁波城市职业技术学院与澳大利亚新南威尔士州西悉尼技术与继续教育学院合作举办旅游管理专业高等专科教育项目
		宁波职业技术学院与加拿大亚岗昆应用文理学院合作举办旅游管理专业高等专科教育项目
		湖州职业技术学院与新加坡管理发展学院合作举办旅游管理专业高等专科教育项目
		中山职业技术学院与澳大利亚堪培门政府理工学院合作举办旅游管理专业专科教育项目
		中山职业技术学院与澳大利亚威廉·安格理斯职业与继续教育学院旅游管理专业专科教育项目
		广东女子职业技术学院与澳大利亚阳光海岸大学合作举办旅游管理专业专科项目
		海南经贸职业技术学院与英国吉尔福德学院集团合作举办旅游管理专业专科教育项目
		海南科技职业学院与澳大利亚南威尔士州技术与继续教育-西南悉尼学院合作举办旅游管理专业专科教育项目
		海南外国语职业学院与澳大利亚西悉尼技术与教育学院合作举办旅游管理专业高等专科教育项目
		山东理工职业学院与新西兰 ICL 商业研究生学院合作举办旅游管理专业高等专科教育项目
		菏泽职业学院与韩国中部大学合作举办旅游管理专业高等专科教育项目
		南昌工程学院与韩国浦项学院合作举办旅游管理专业高等专科教育项目
		江西旅游商贸职业学院与英国南兰克郡学院合作举办旅游管理专业高等专科教育项目
		成都理工大学和英国知山大学合作举办旅游管理专业专科教育项目
		内江师范学院与韩国京东大学合作举办涉外旅游专业专科教育项目
		安徽经济管理干部学院与澳大利亚伊迪斯·科文大学合作举办旅游管理专业高等专科教育项目
		沧州职业技术学院与乌克兰国立德拉甘马诺夫师范大学合作举办旅游专业高等专科教育项目
		河北工业职业技术学院与澳大利亚北墨尔本高等技术学院合作举办旅游管理专业专科教育项目
		沧州师范学院与美国东北州立大学合作举办旅游管理专业专科教育项目
		河北旅游职业学院与加拿大拉萨尔学院合作举办旅游管理专业高等专科学历教育项目
		武汉职业技术学院与澳大利亚阳光海岸大学合作举办旅游管理专业高等专科教育项目
		武汉长江工商学院与加拿大汤姆逊河大学合作举办旅游管理专业高等专科教育项目
		湖北交通职业技术学院与澳大利亚博士山技术与继续教育学院合作举办旅游管理专业高等专科教育项目
		武汉商学院(原武汉商业服务学院)与德国北黑森应用技术大学合作举办旅游管理专业高等专科教育项目

项目／机构	层次	名称
合作办学项目	专科	武汉民政职业学院与澳大利亚悉尼国际管理学院合作举办旅游管理专业高等专科教育项目
		中南林业科技大学与英国威尔士亚伯大学合作举办旅游管理专业高等专科教育项目
		西安职业技术学院与英国奇切斯特学院合作举办旅游管理专业高等专科学历教育项目
		太原旅游职业学院与德国北黑森应用技术大学合作举办旅游管理专业专科教育项目
		运城学院与日本青森中央学院大学合作举办旅游日语专业高等专科教育项目
		长春职业技术学院与韩国鲜文大学合作举办旅游管理专业高等专科教育项目
		桂林旅游高等专科学校与加拿大乔治布朗应用技术学院合作举办酒店与旅游运营管理专业高等专科教育项目